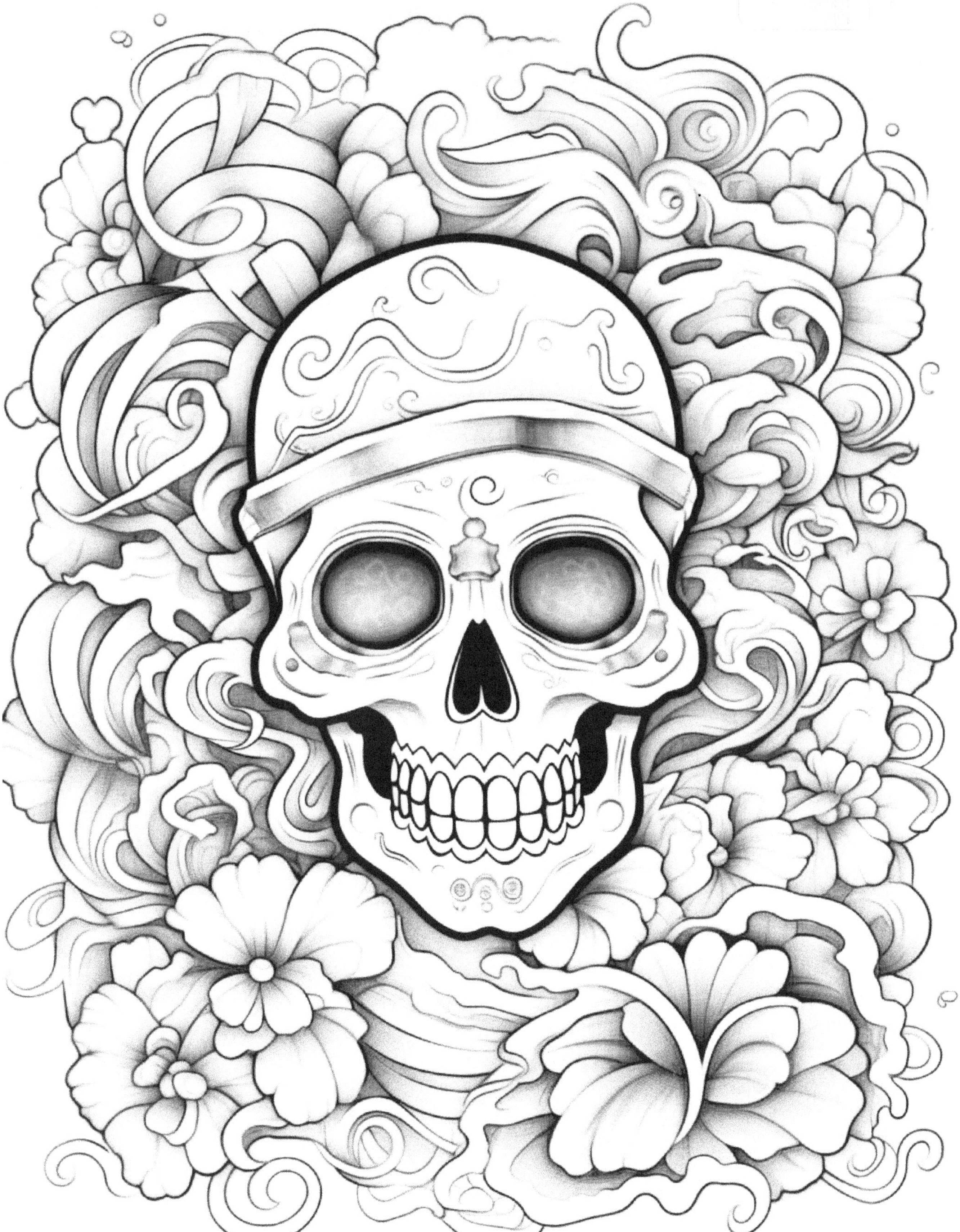

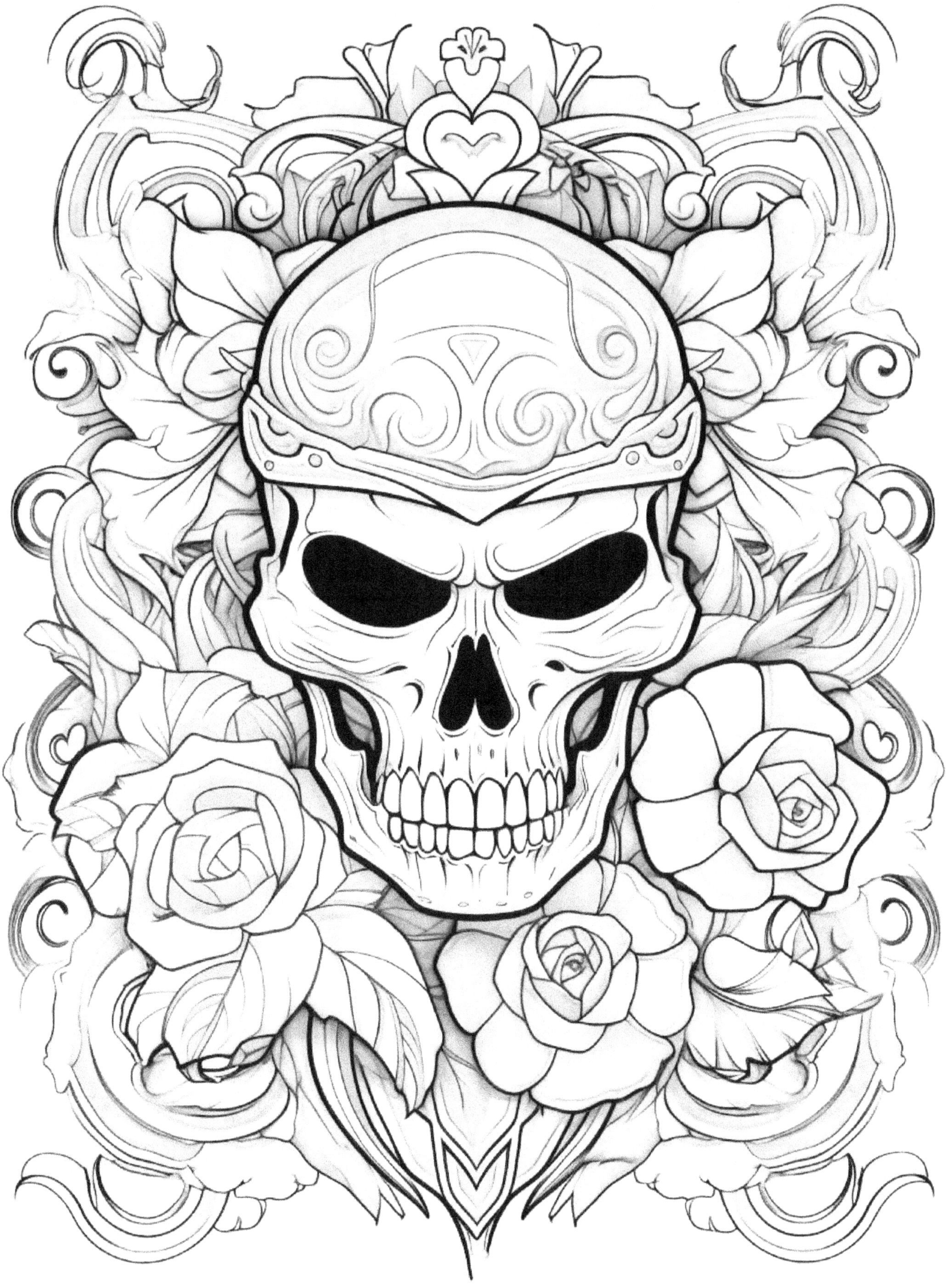

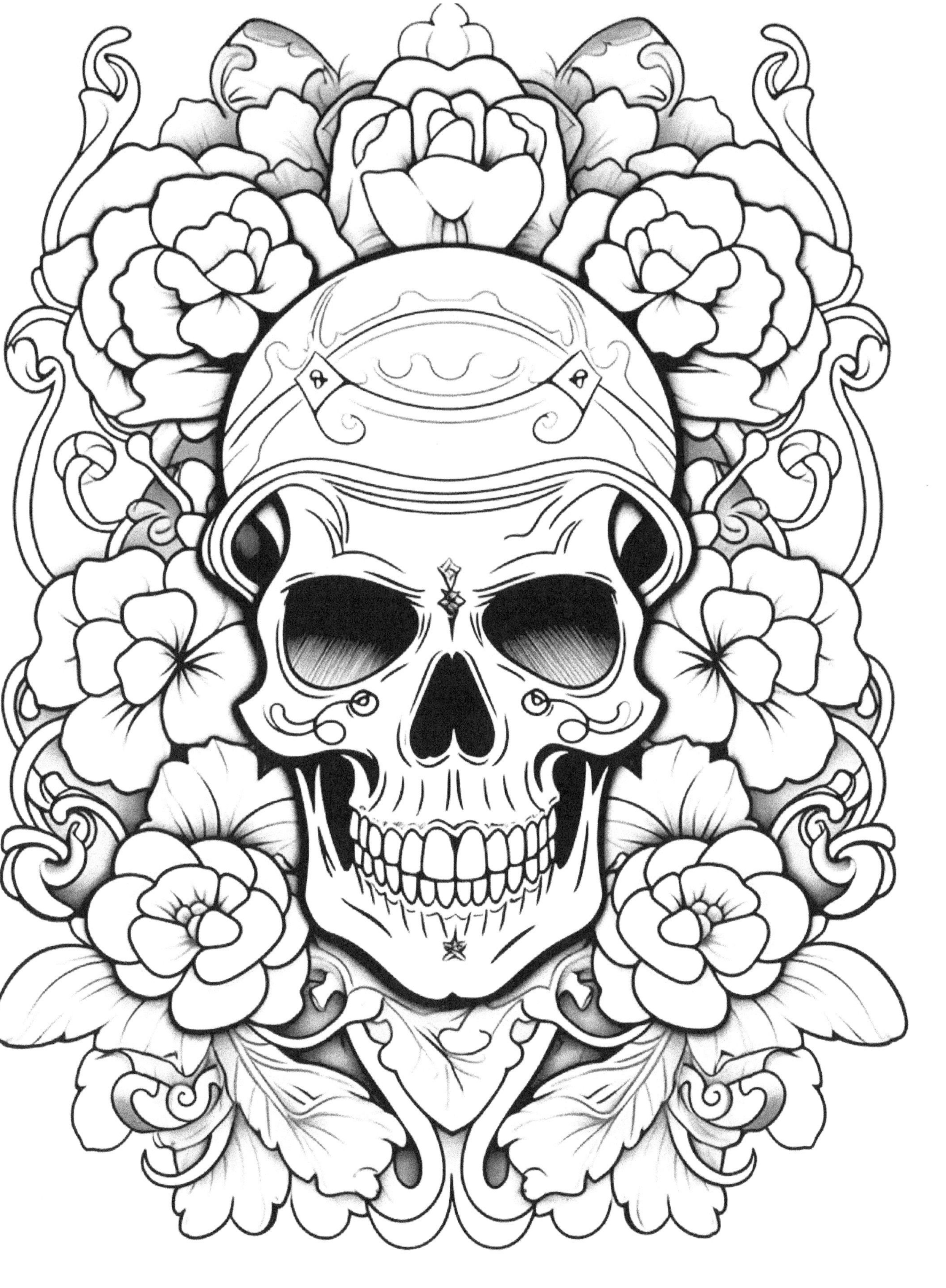

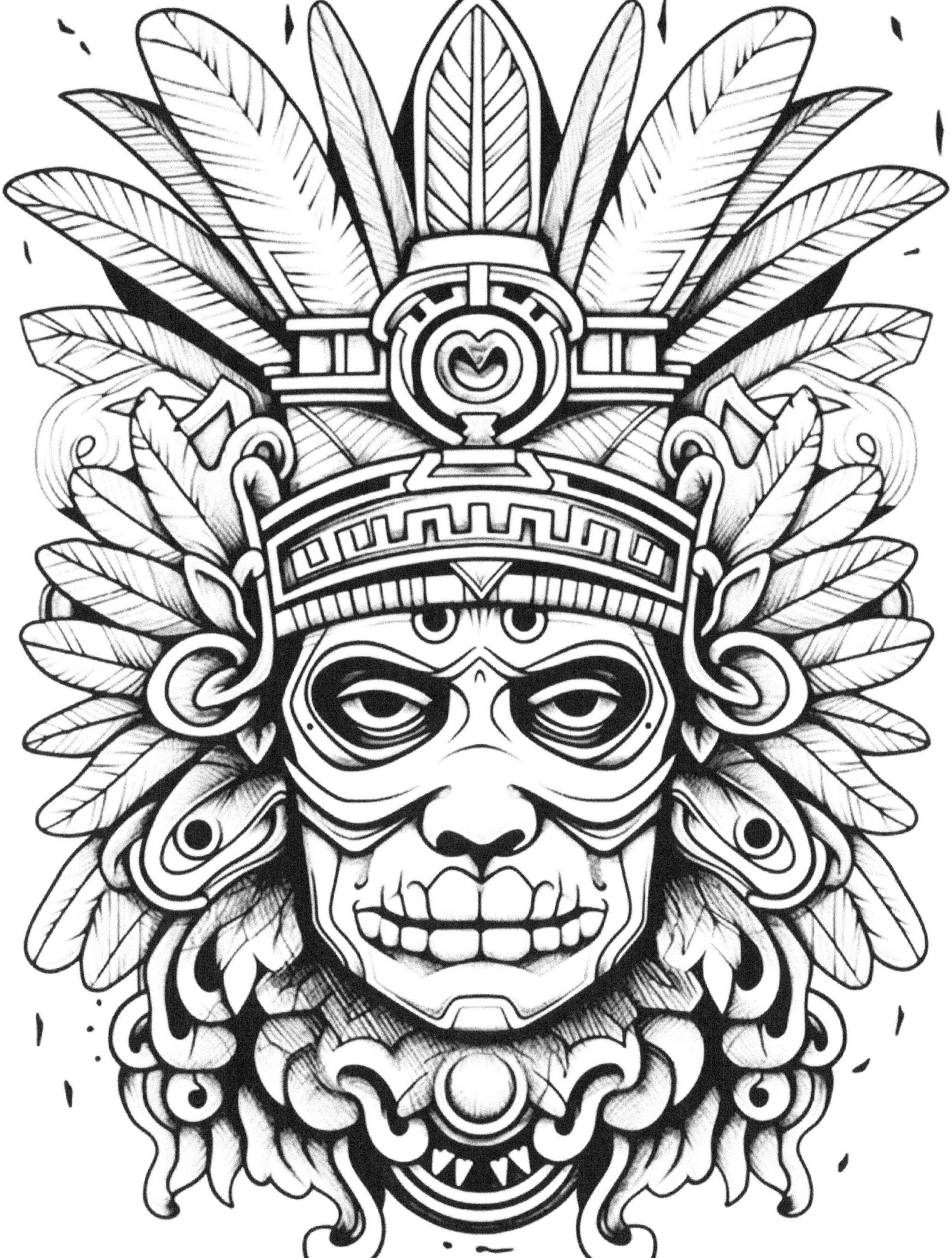

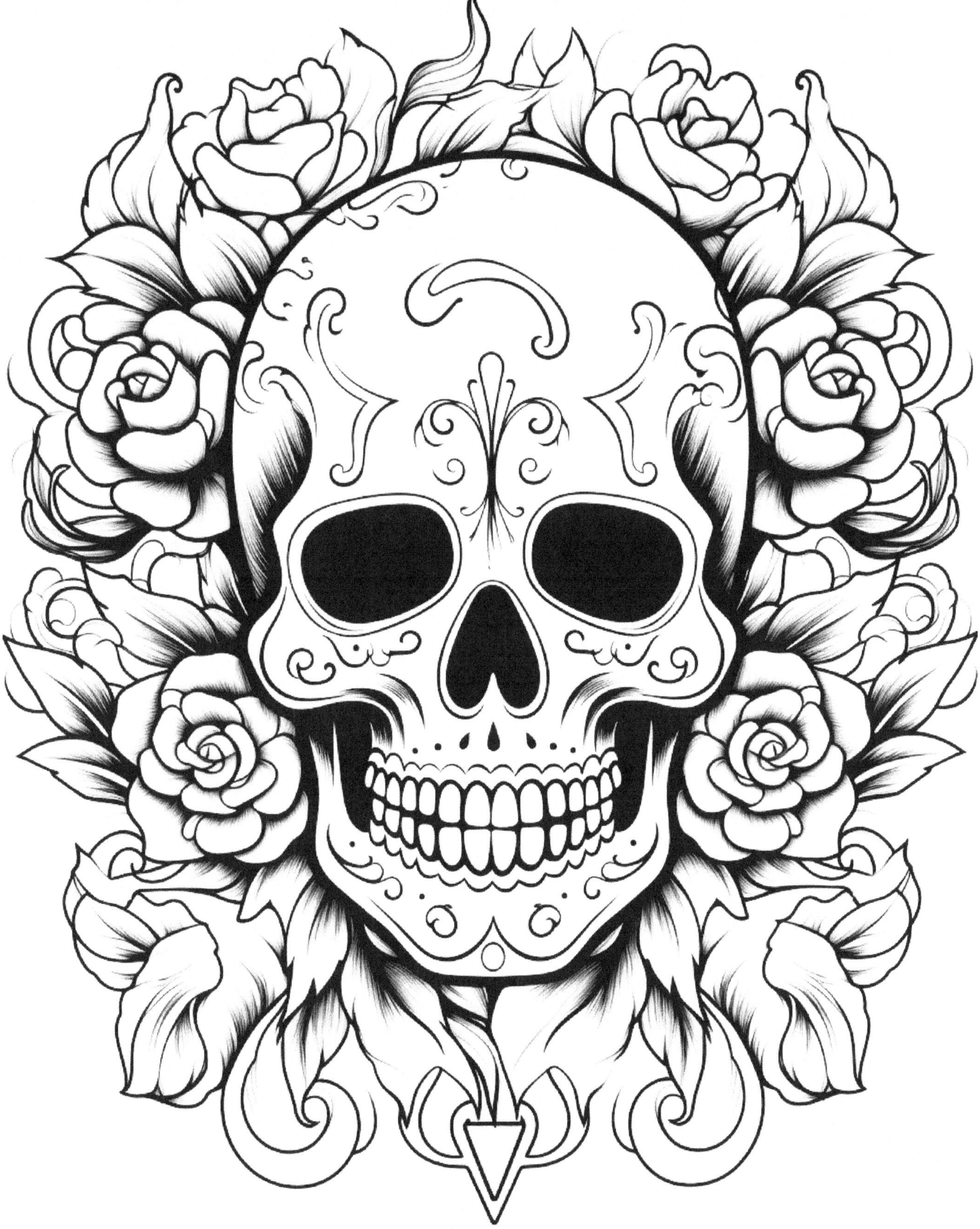

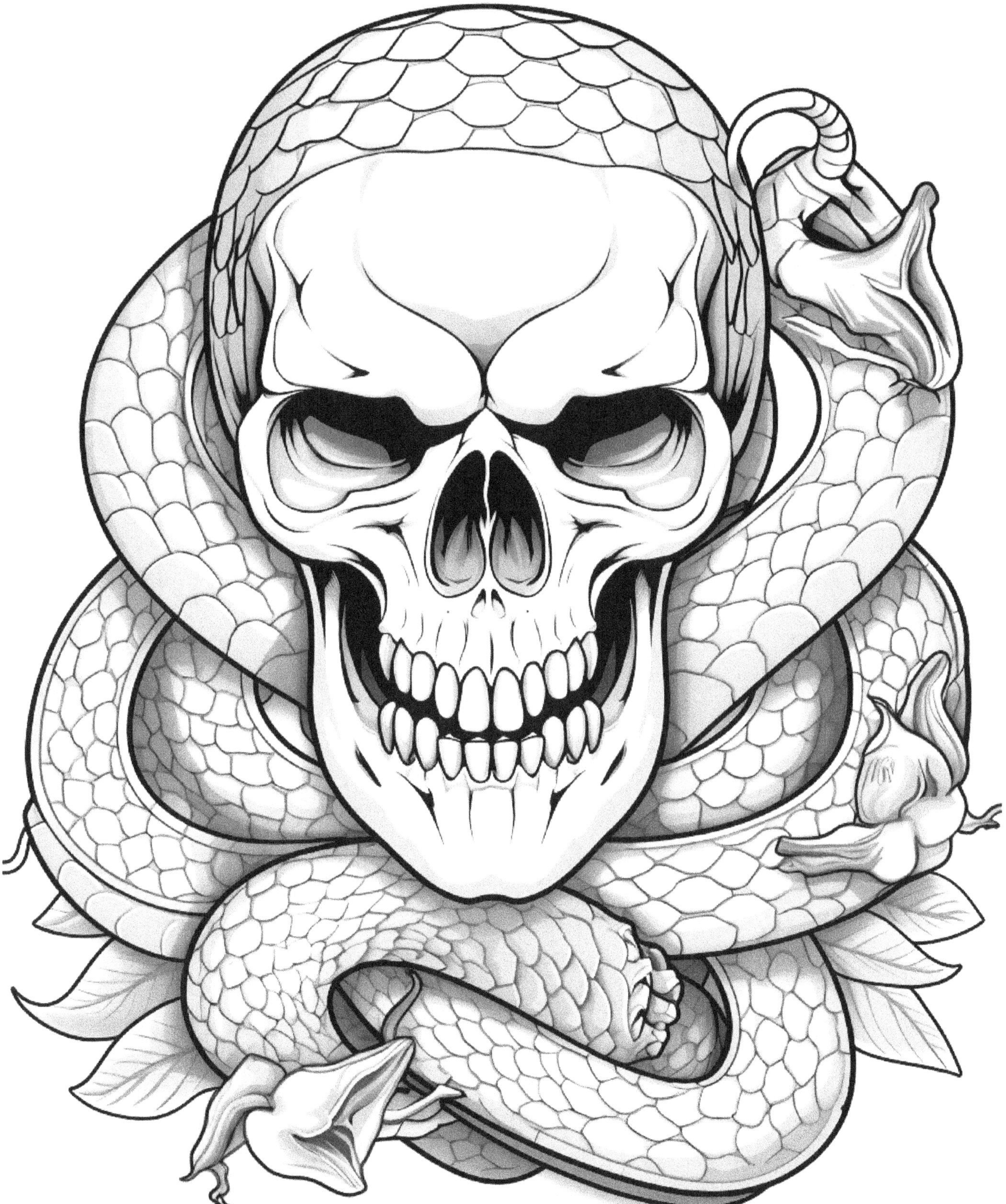

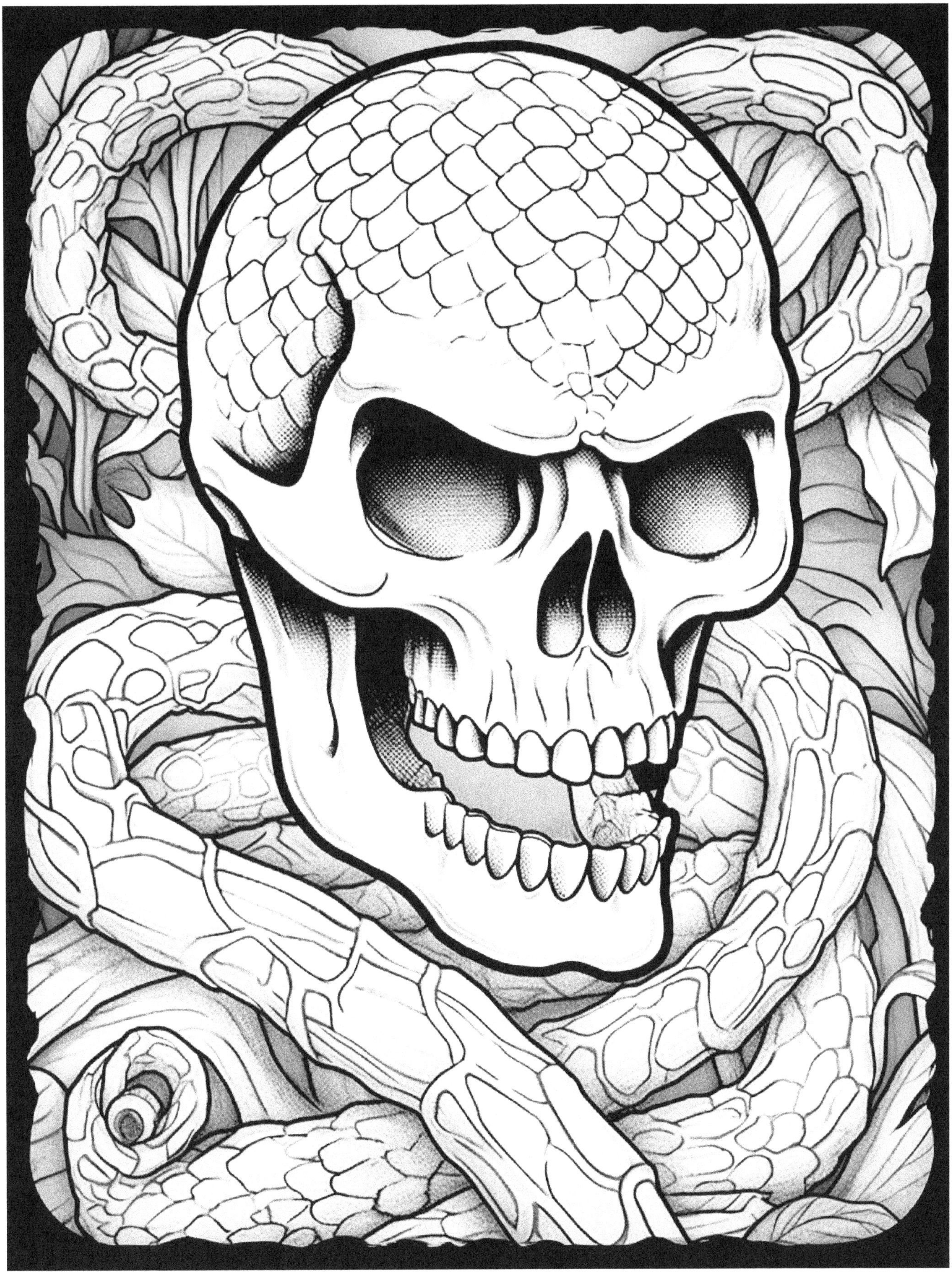

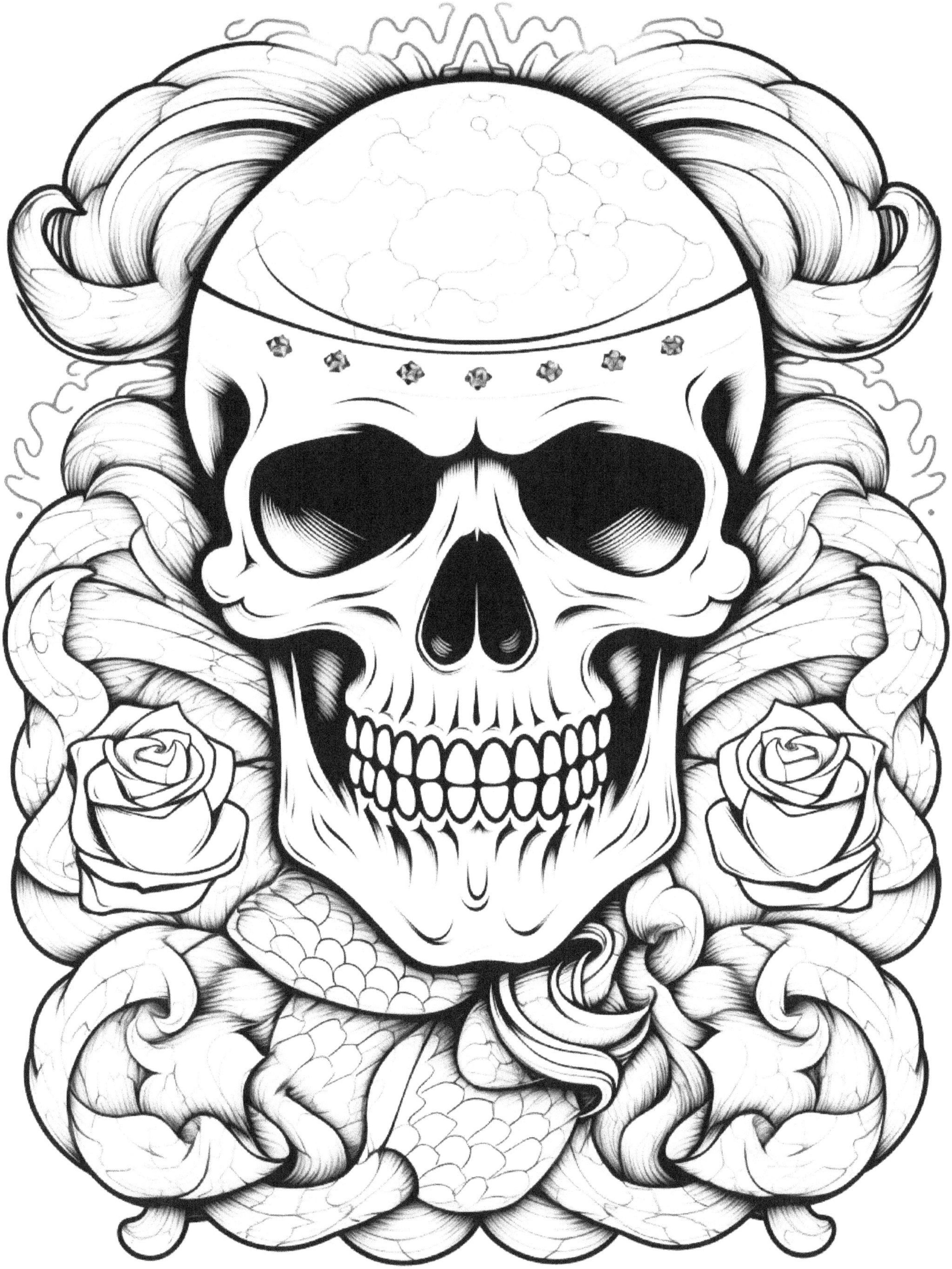

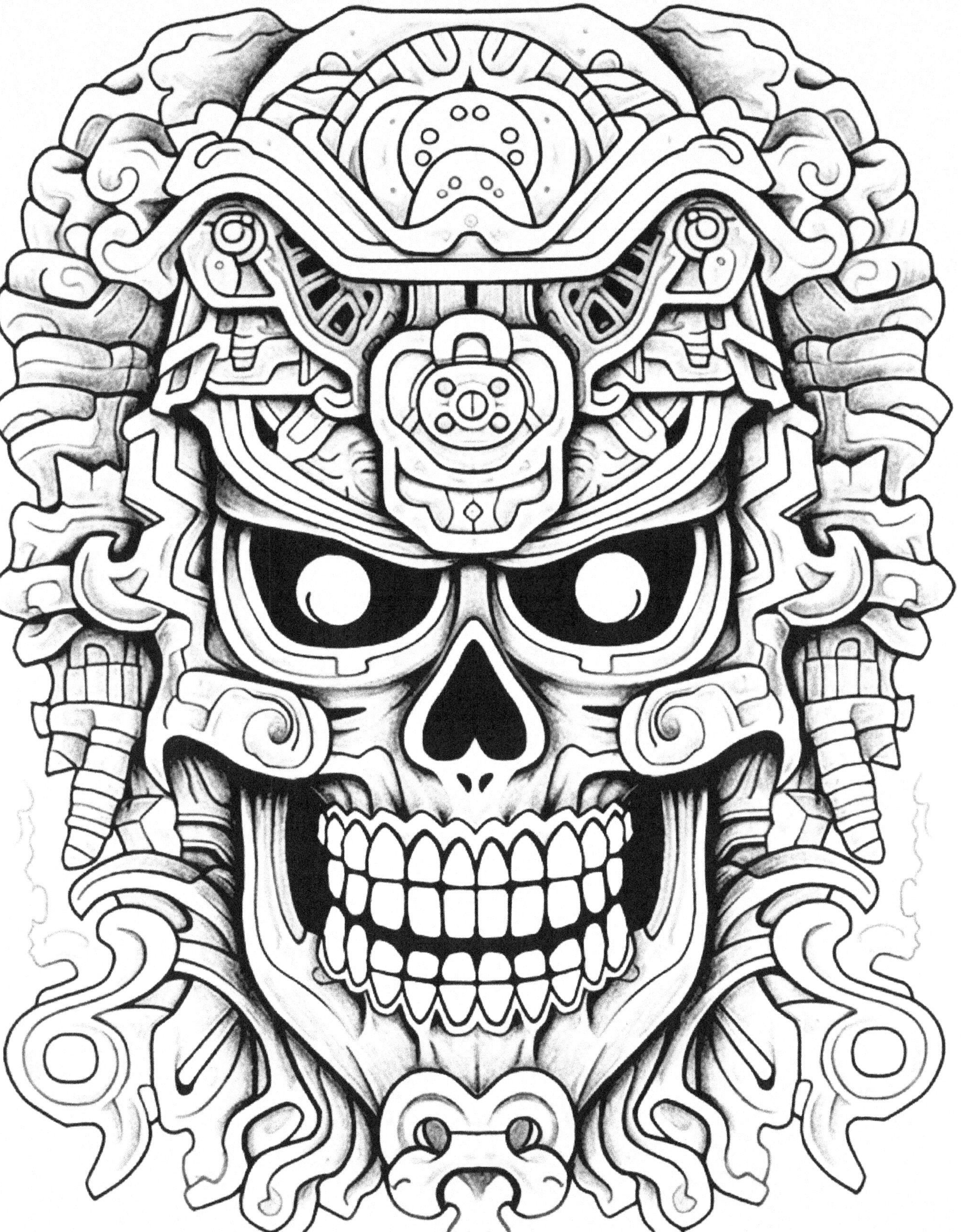

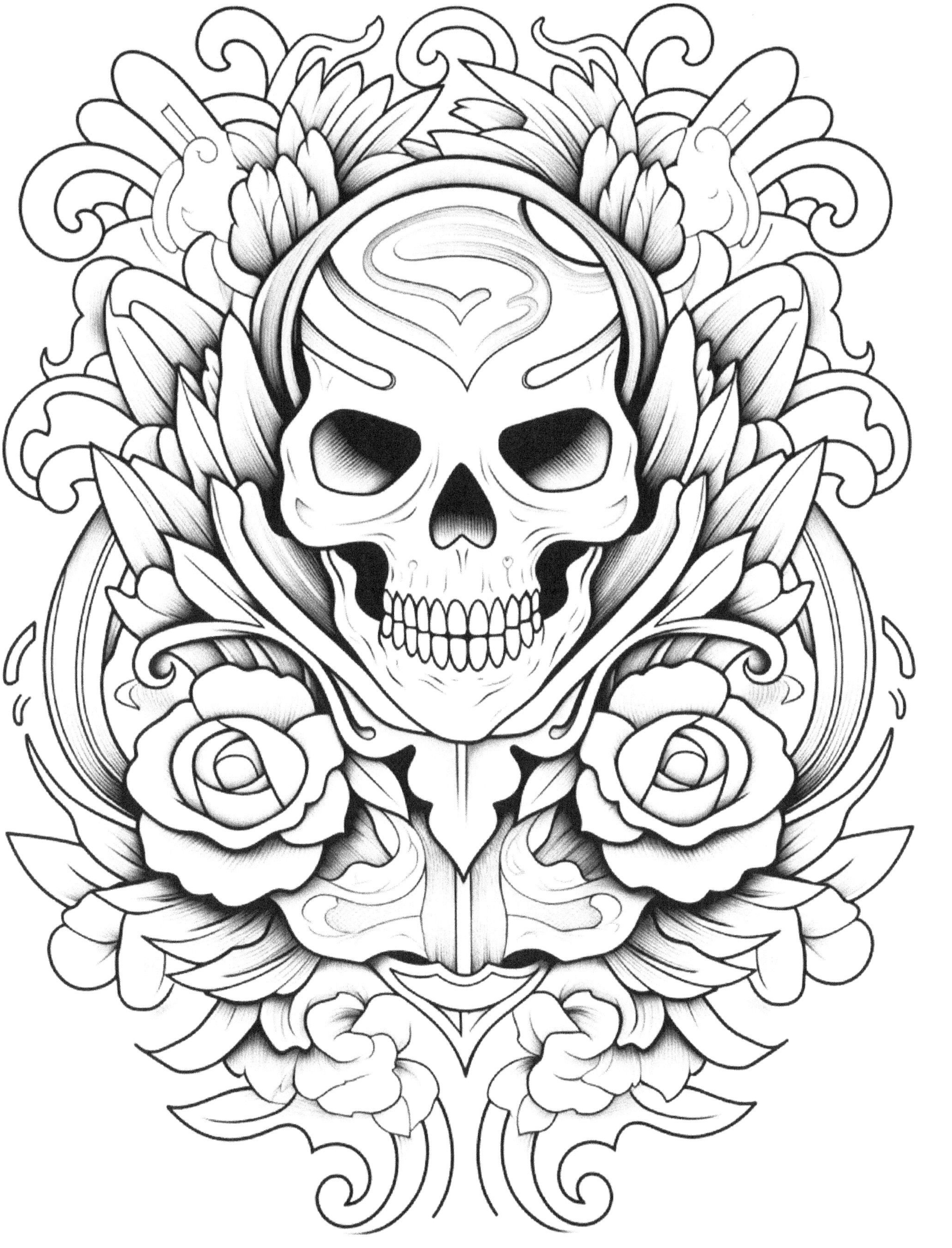

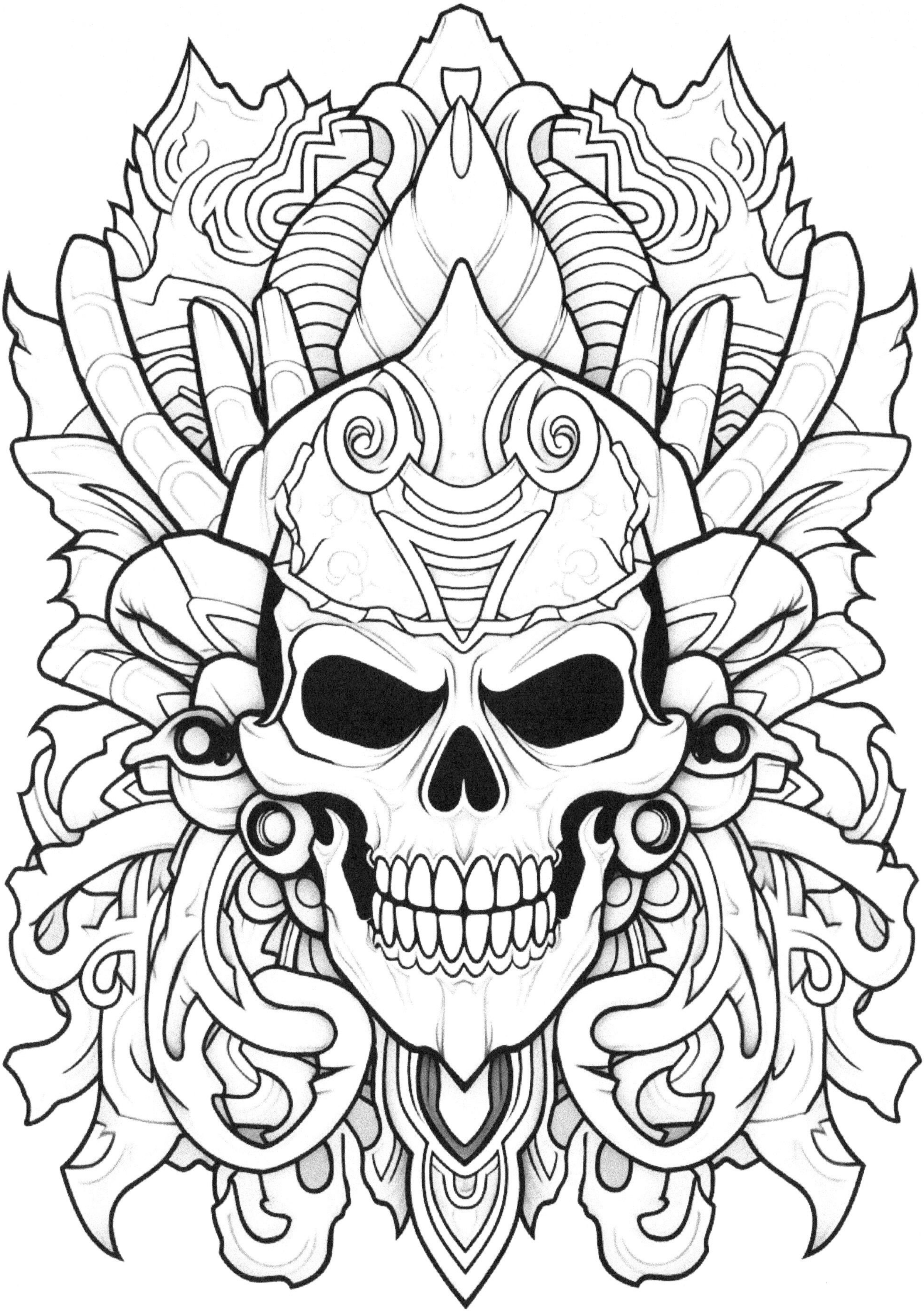

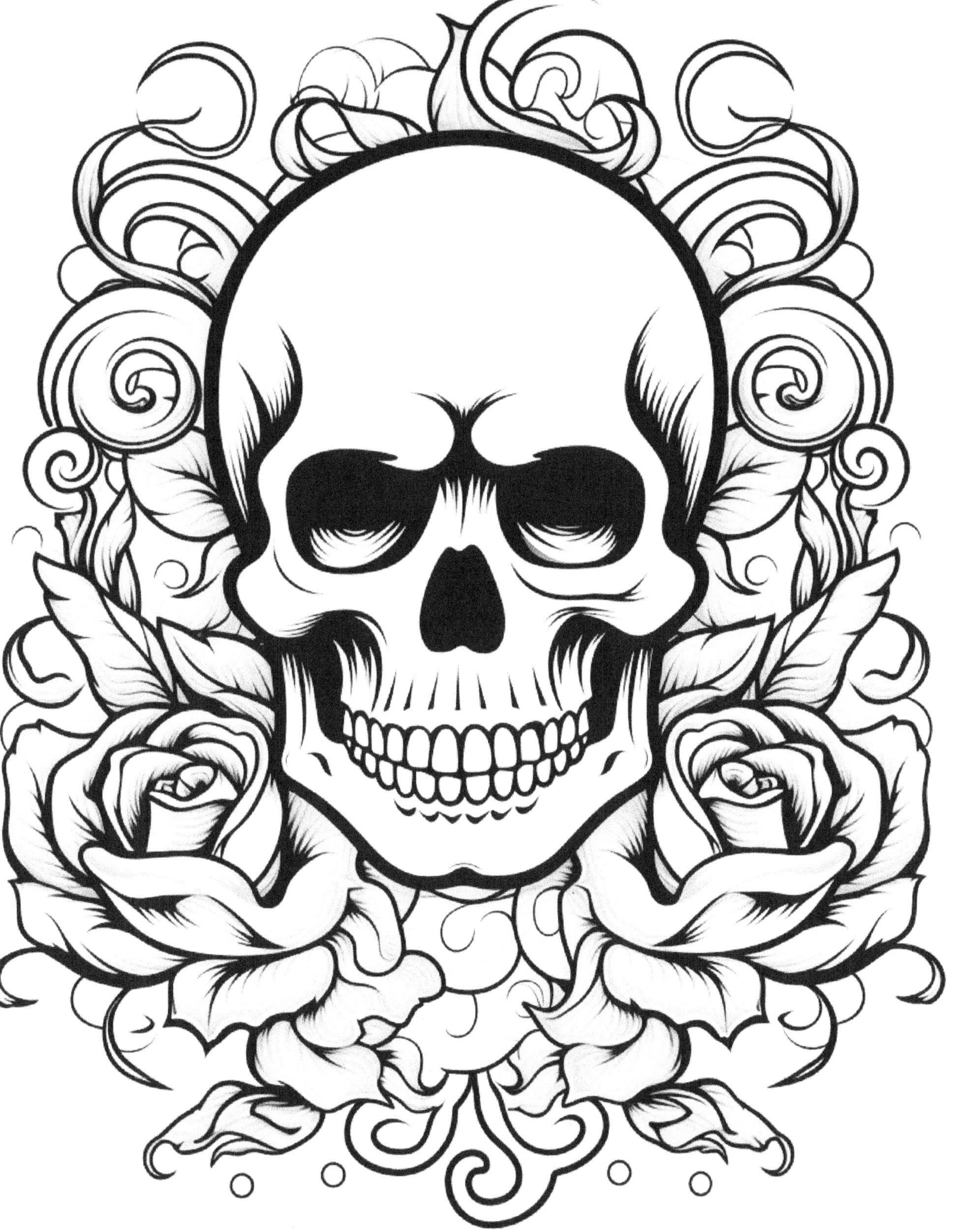

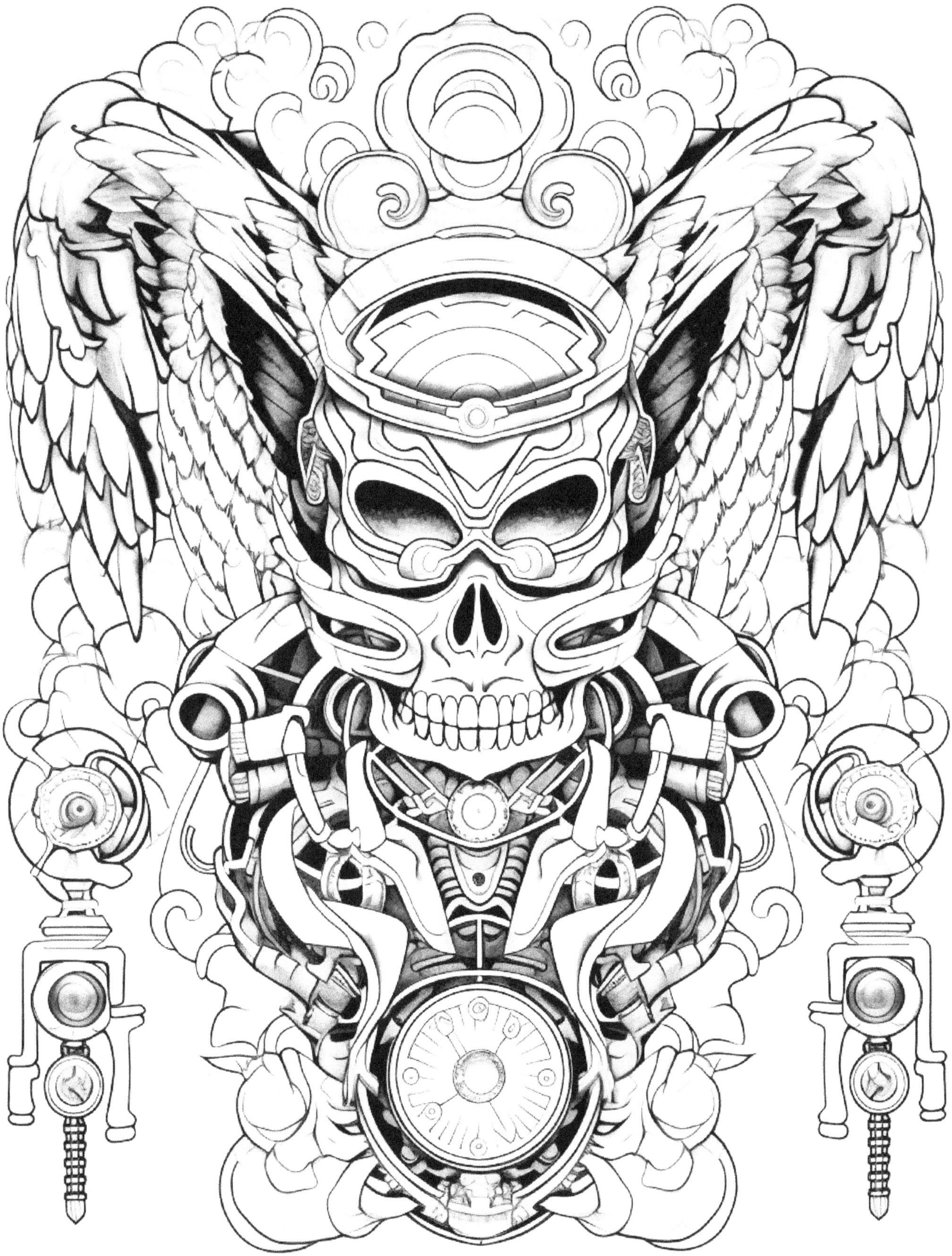

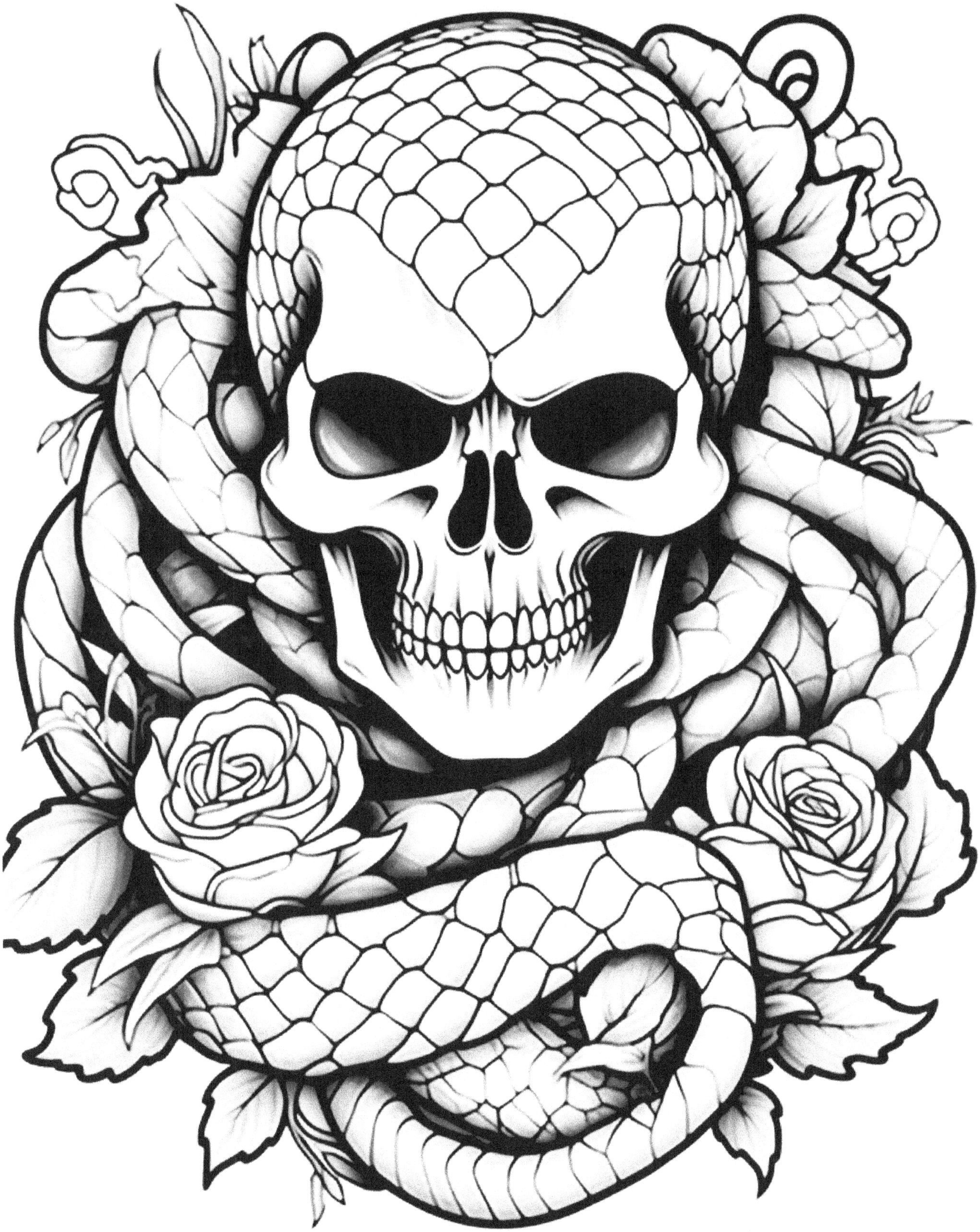

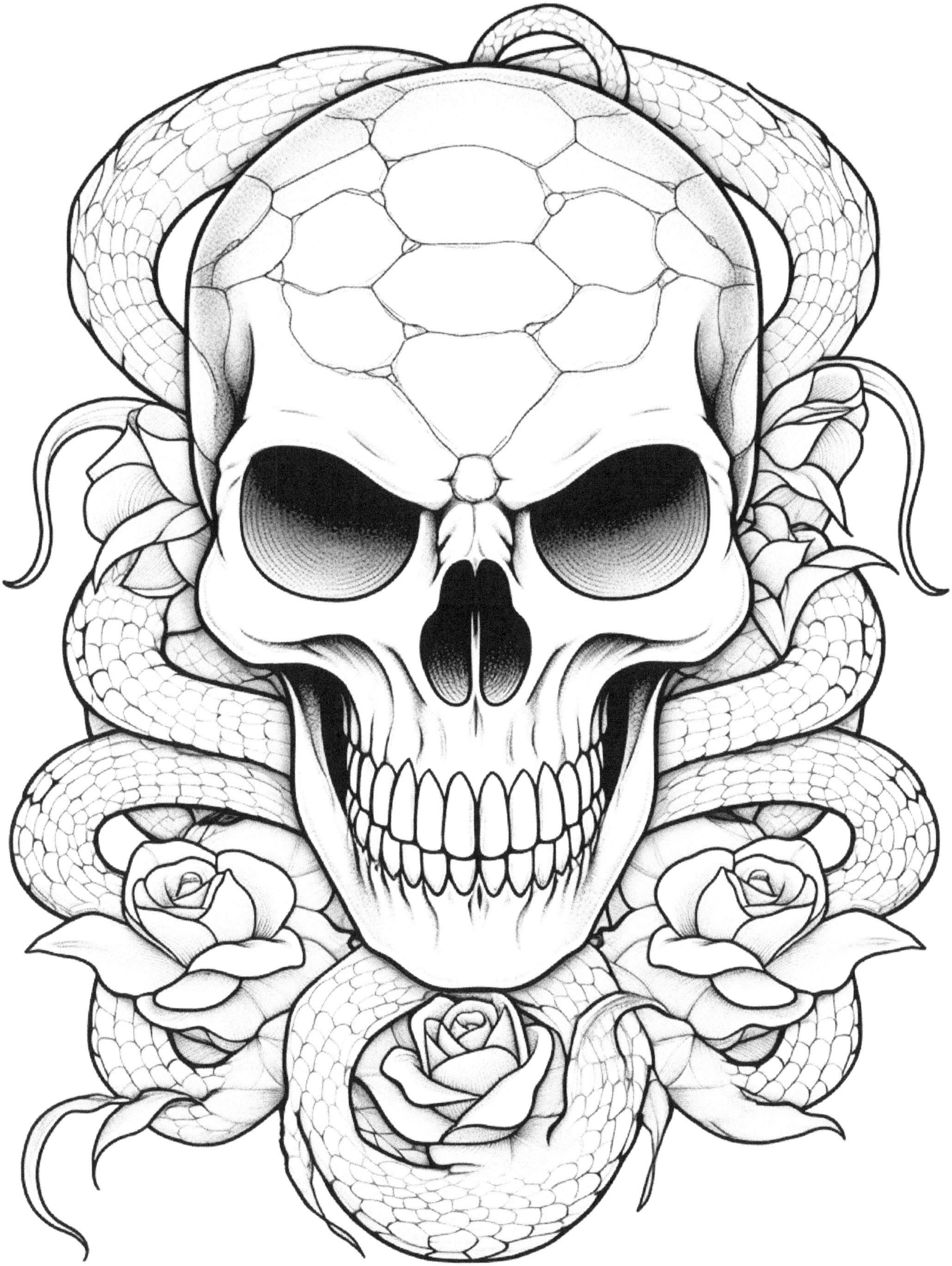

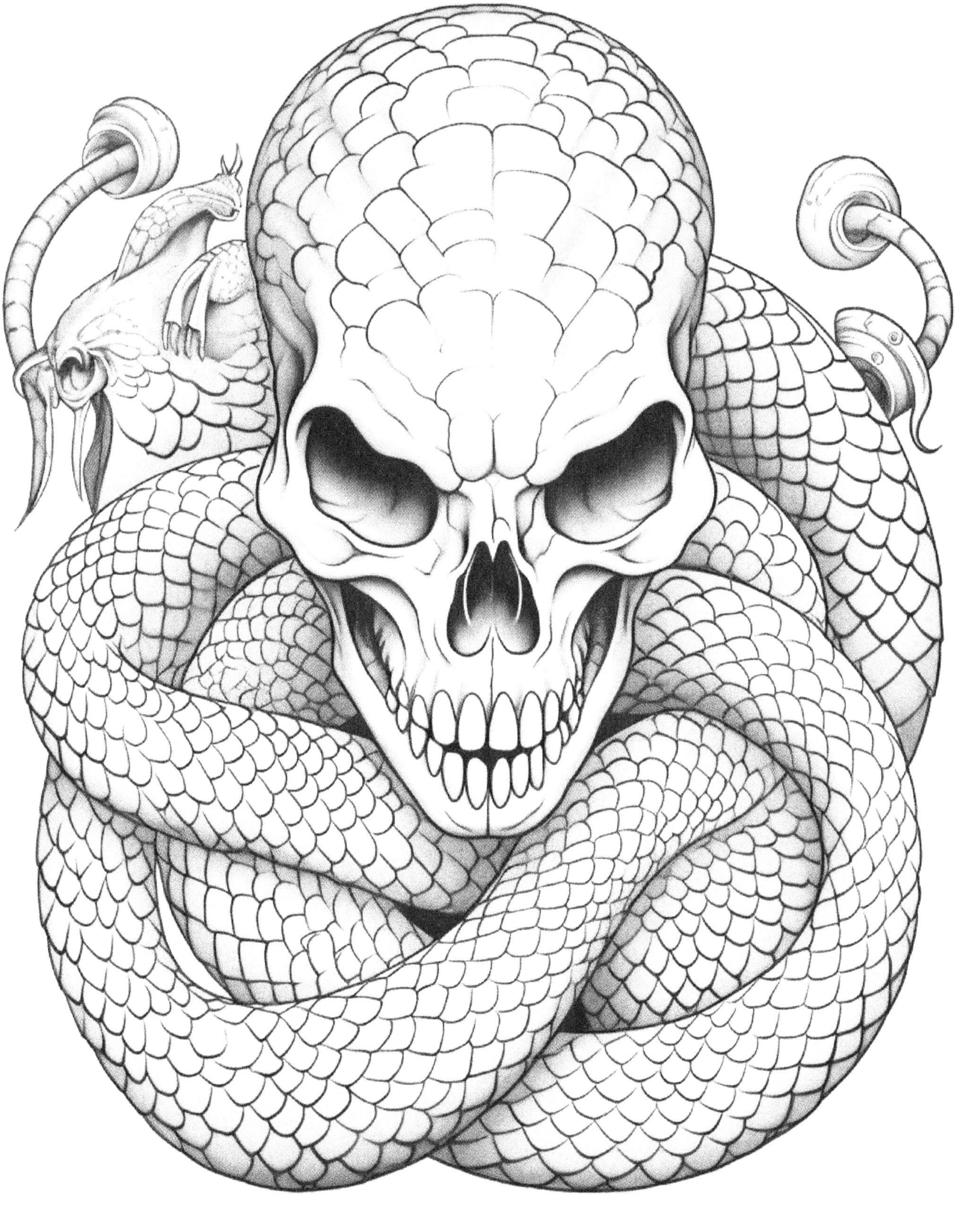

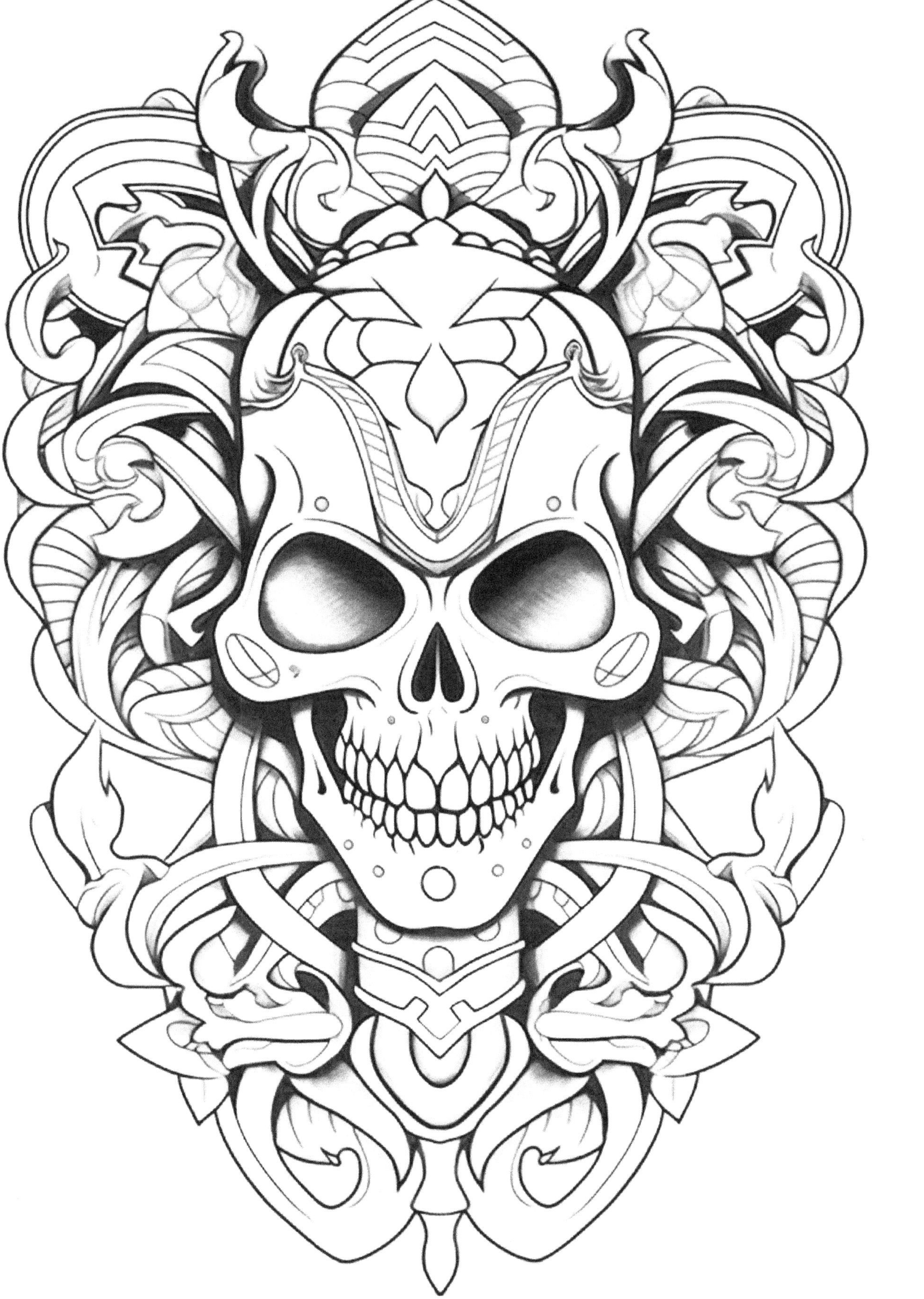

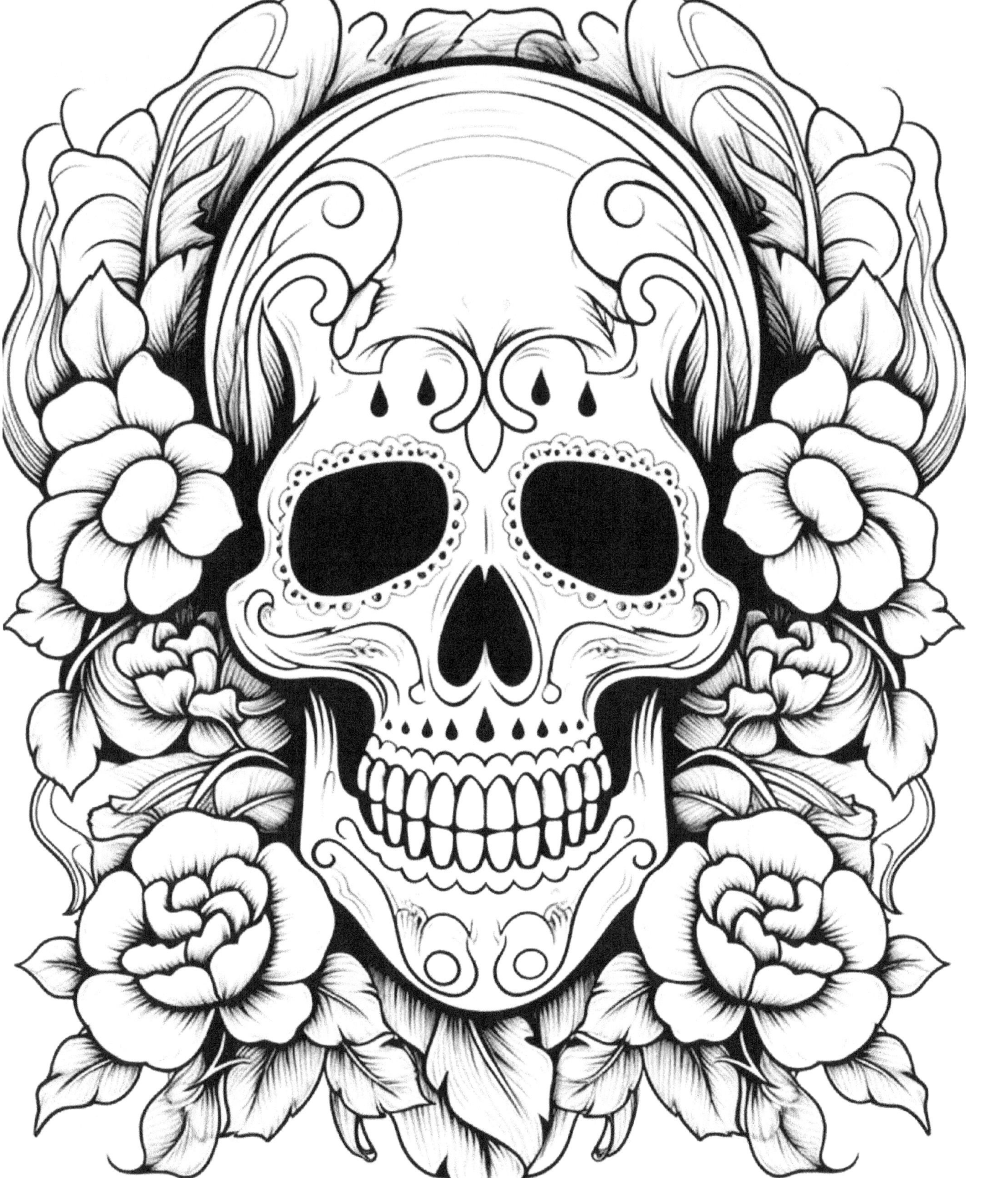

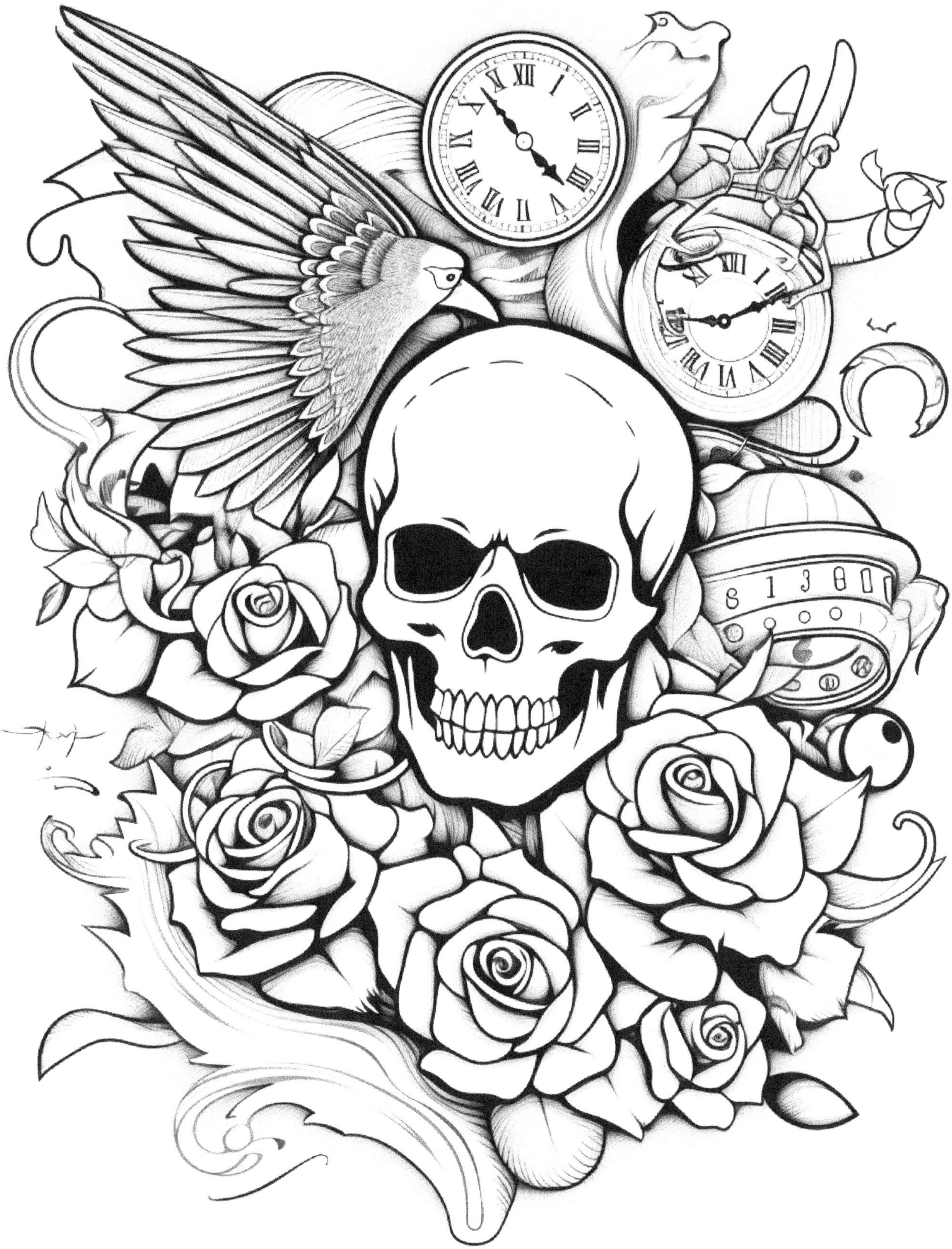

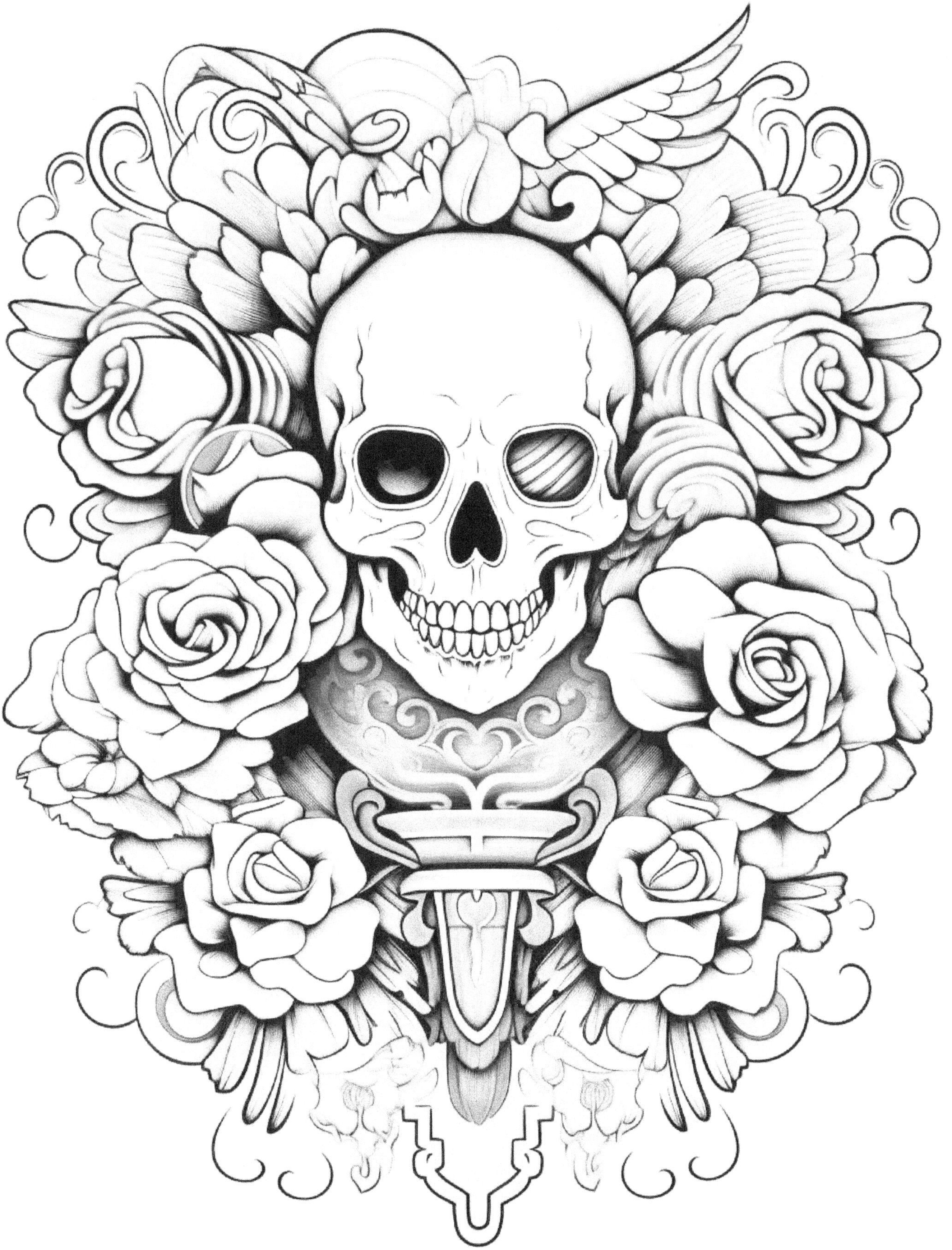

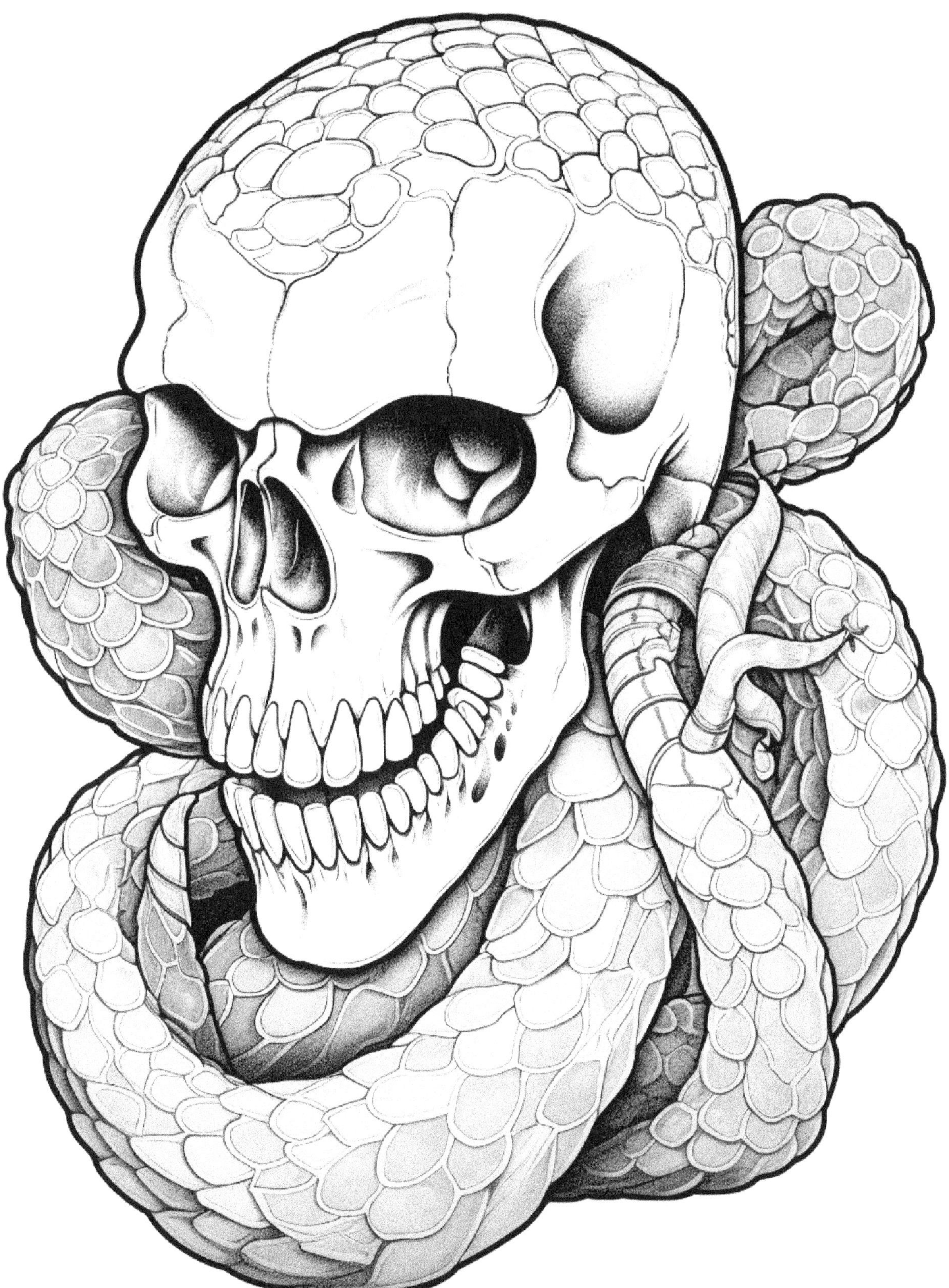

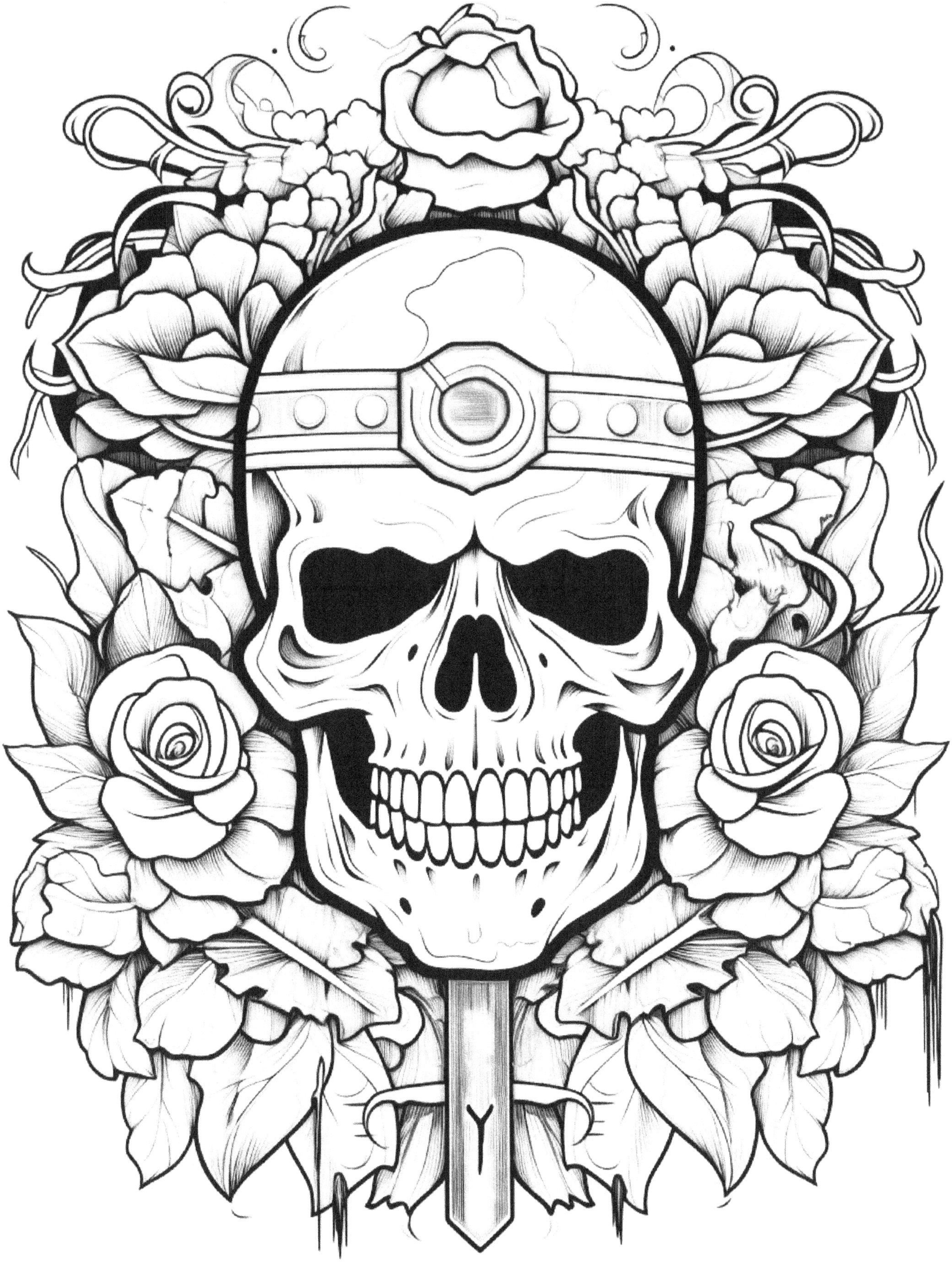

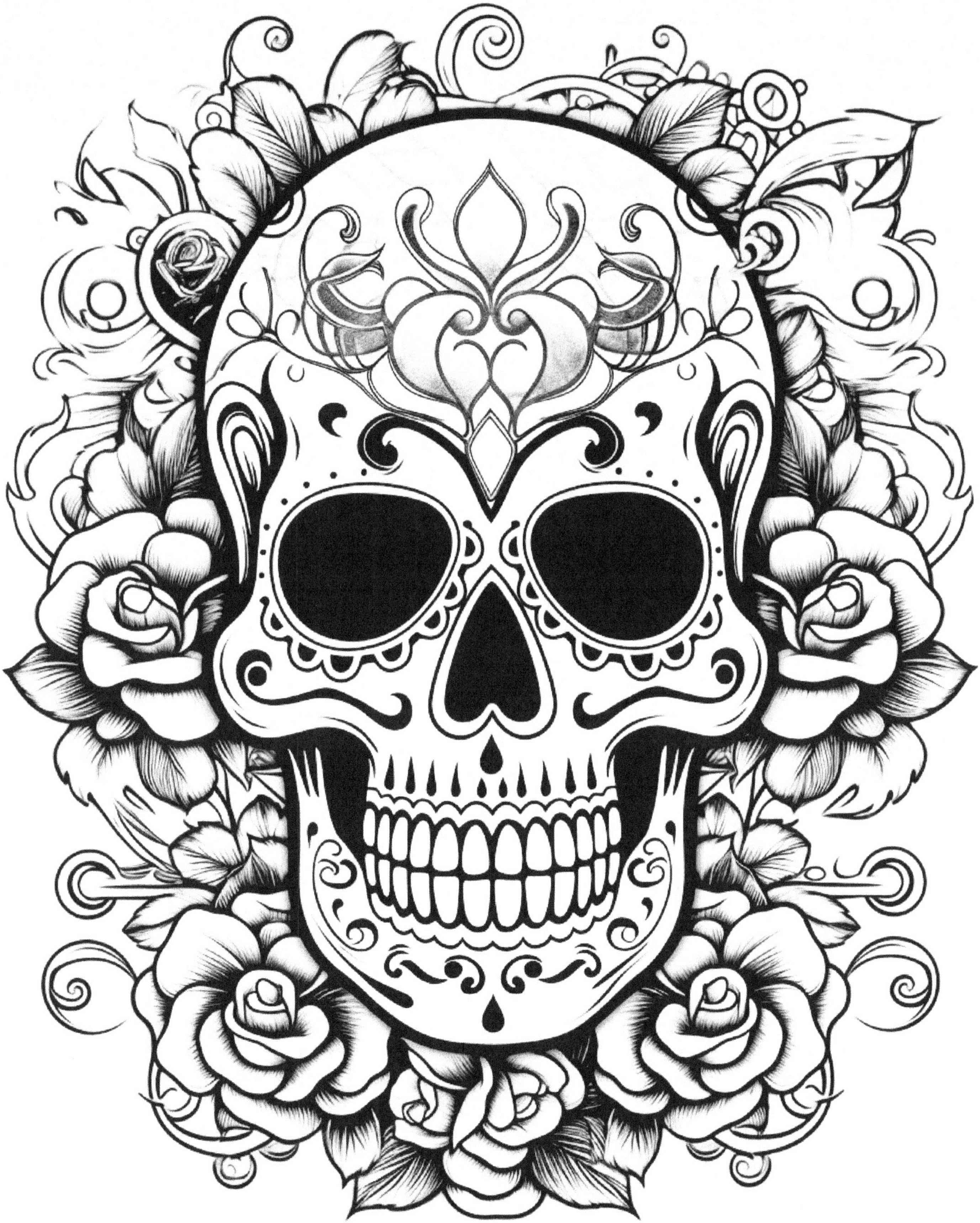

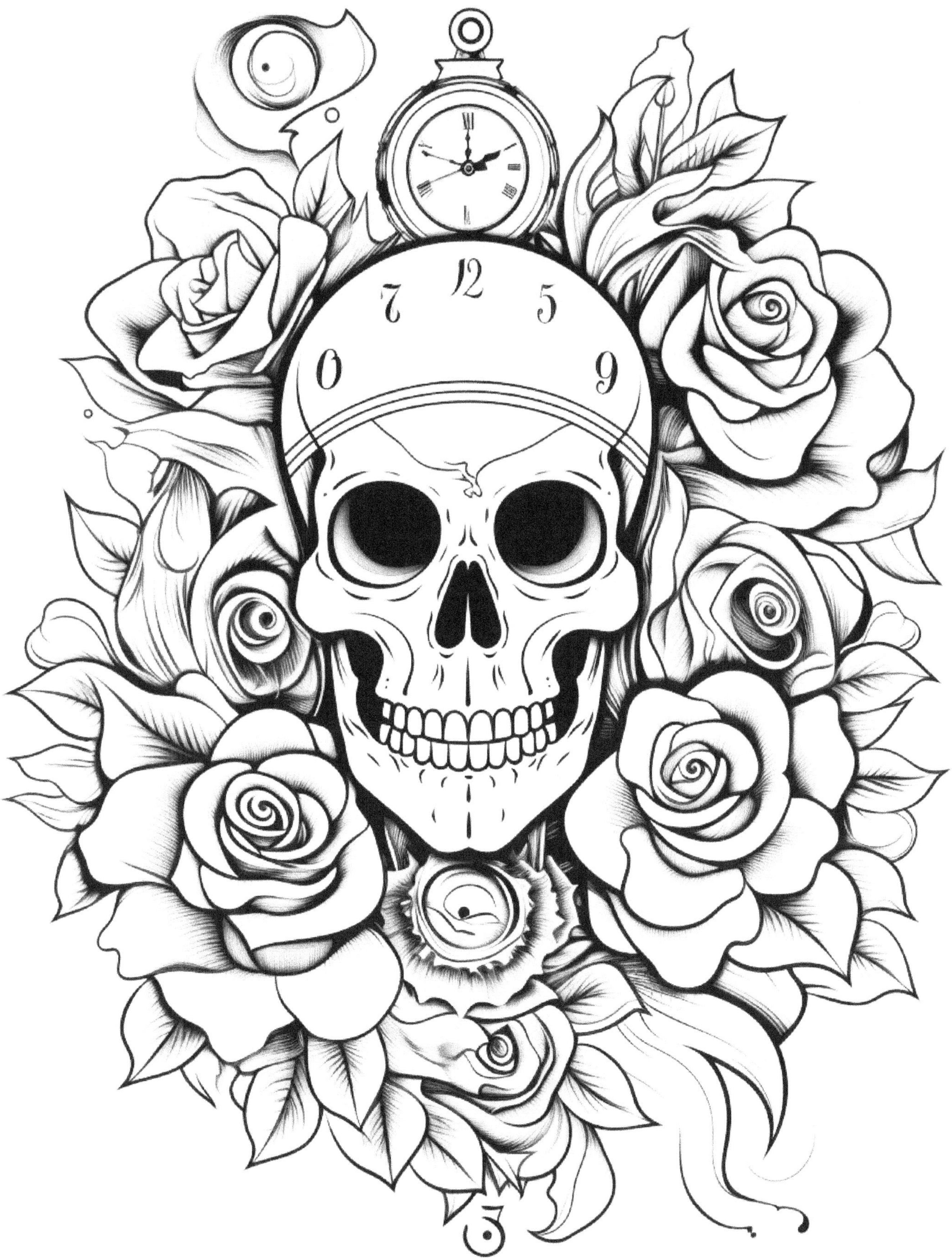
7
12
5
0
9

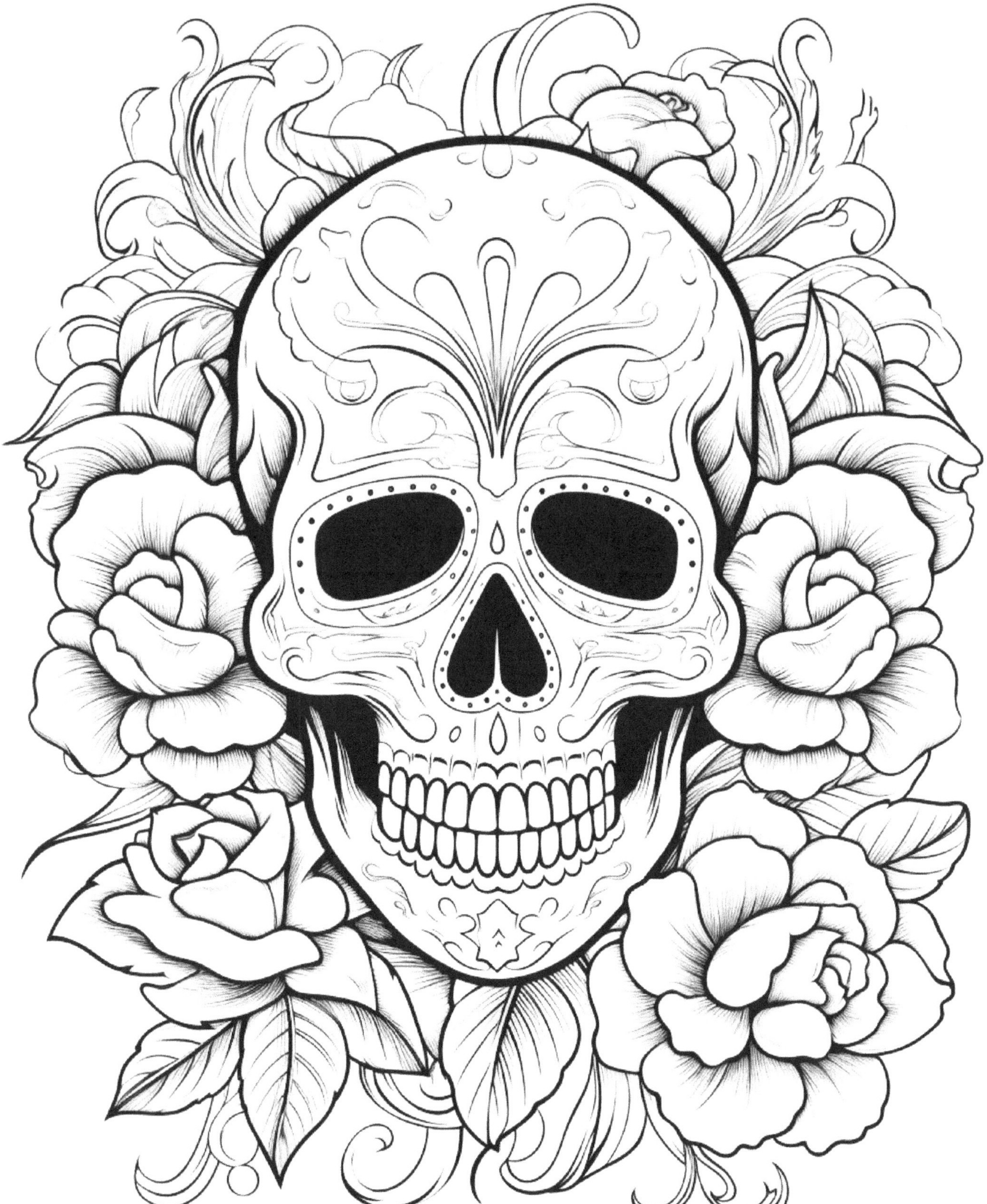

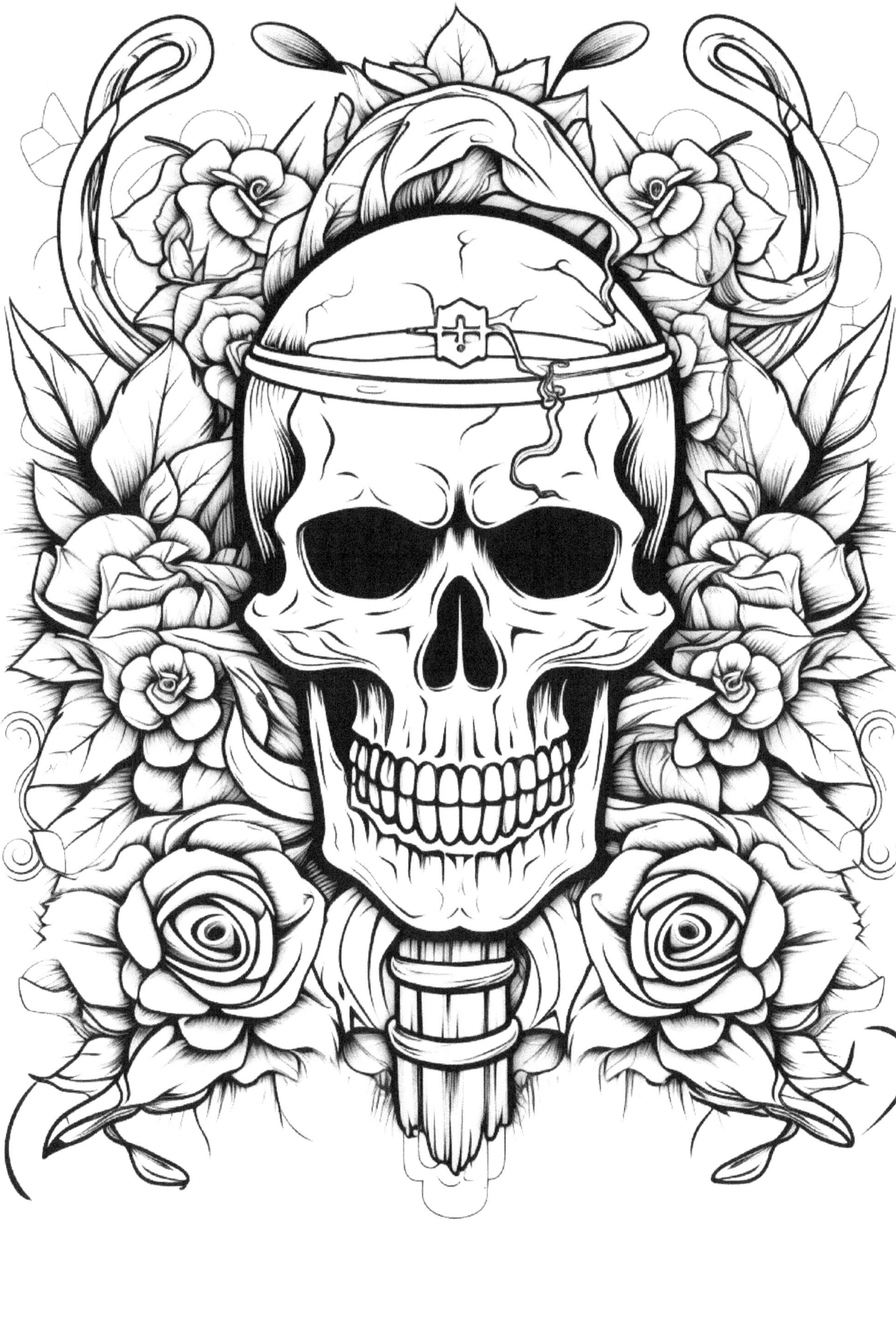

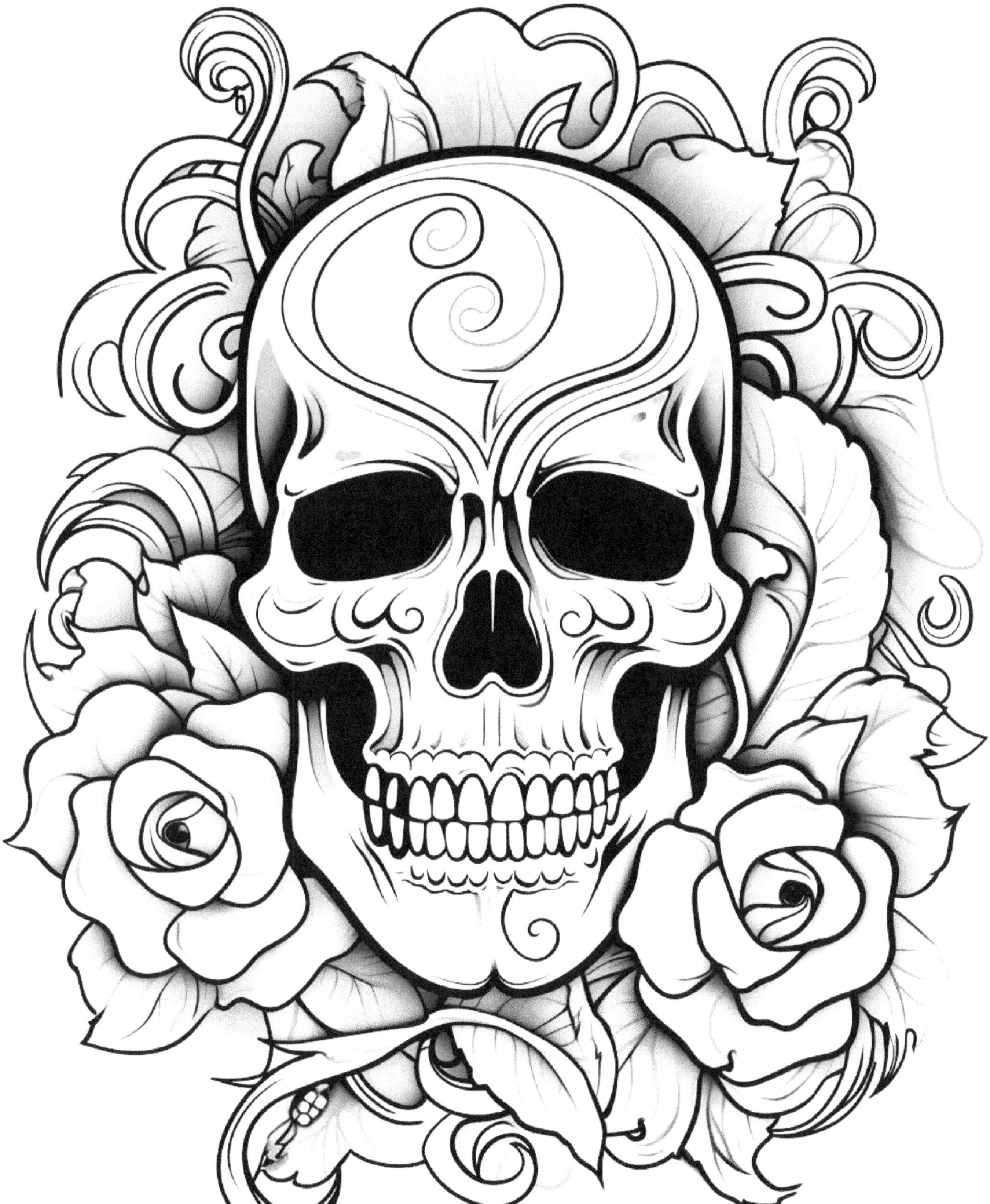

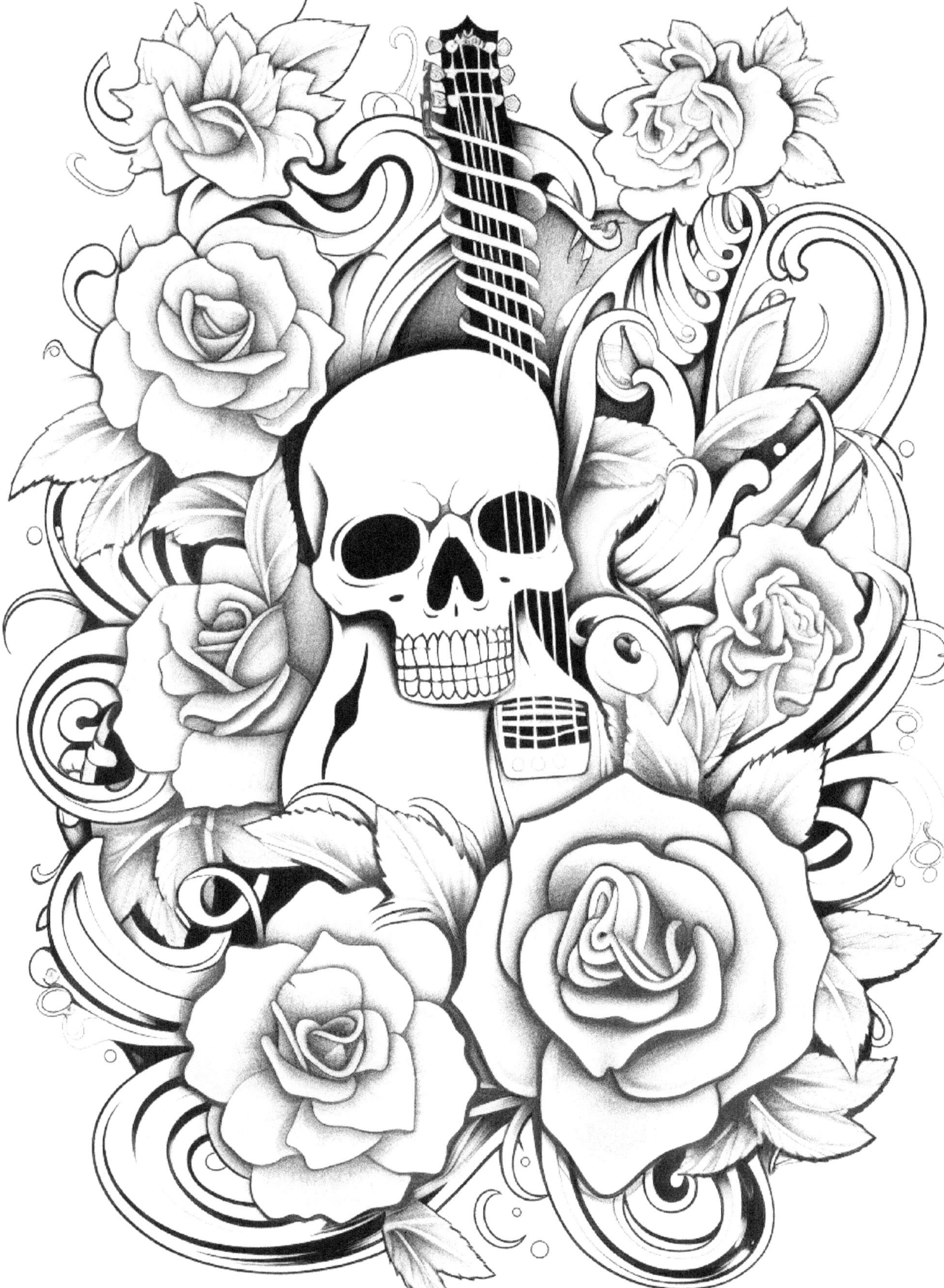

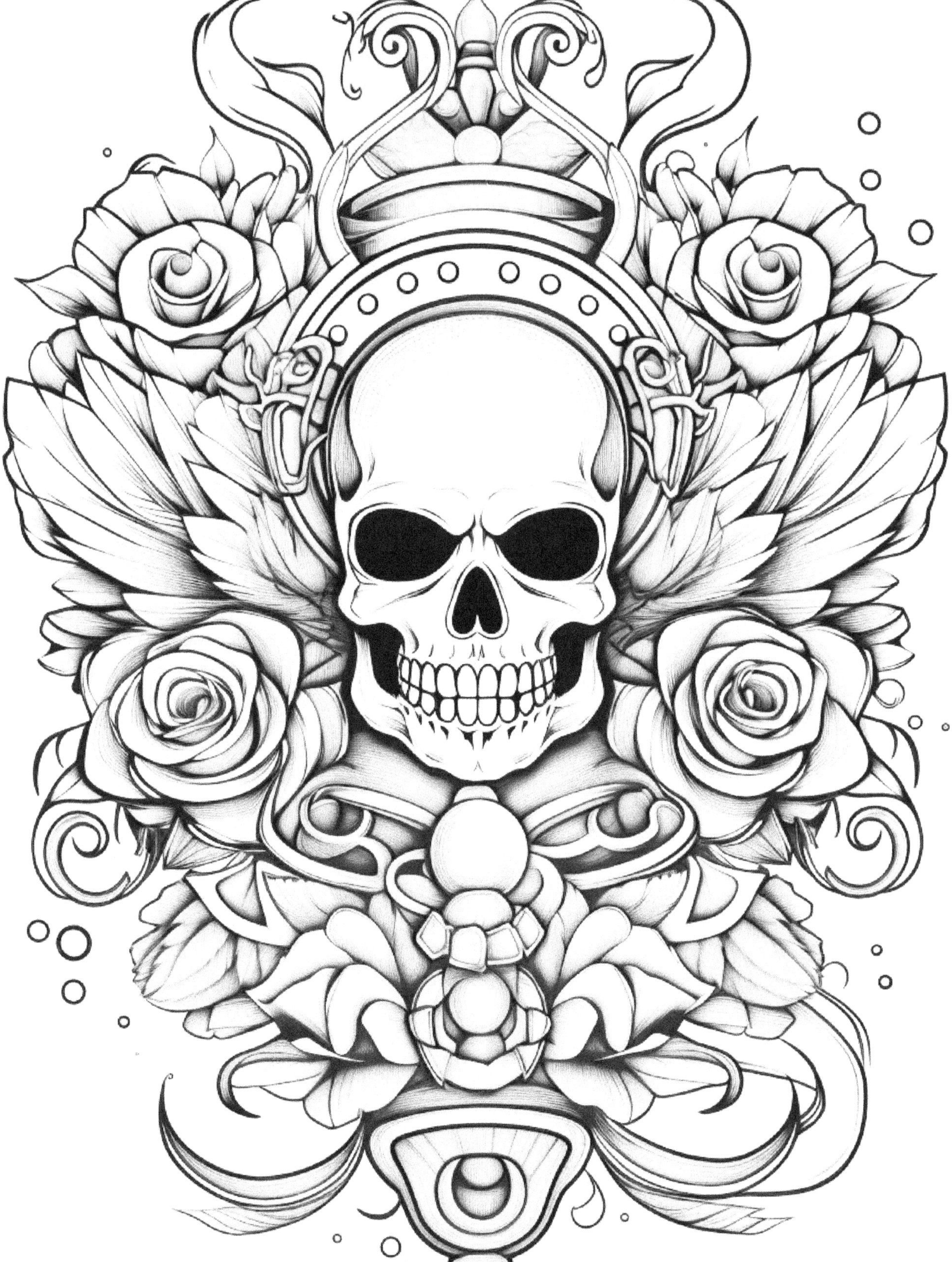

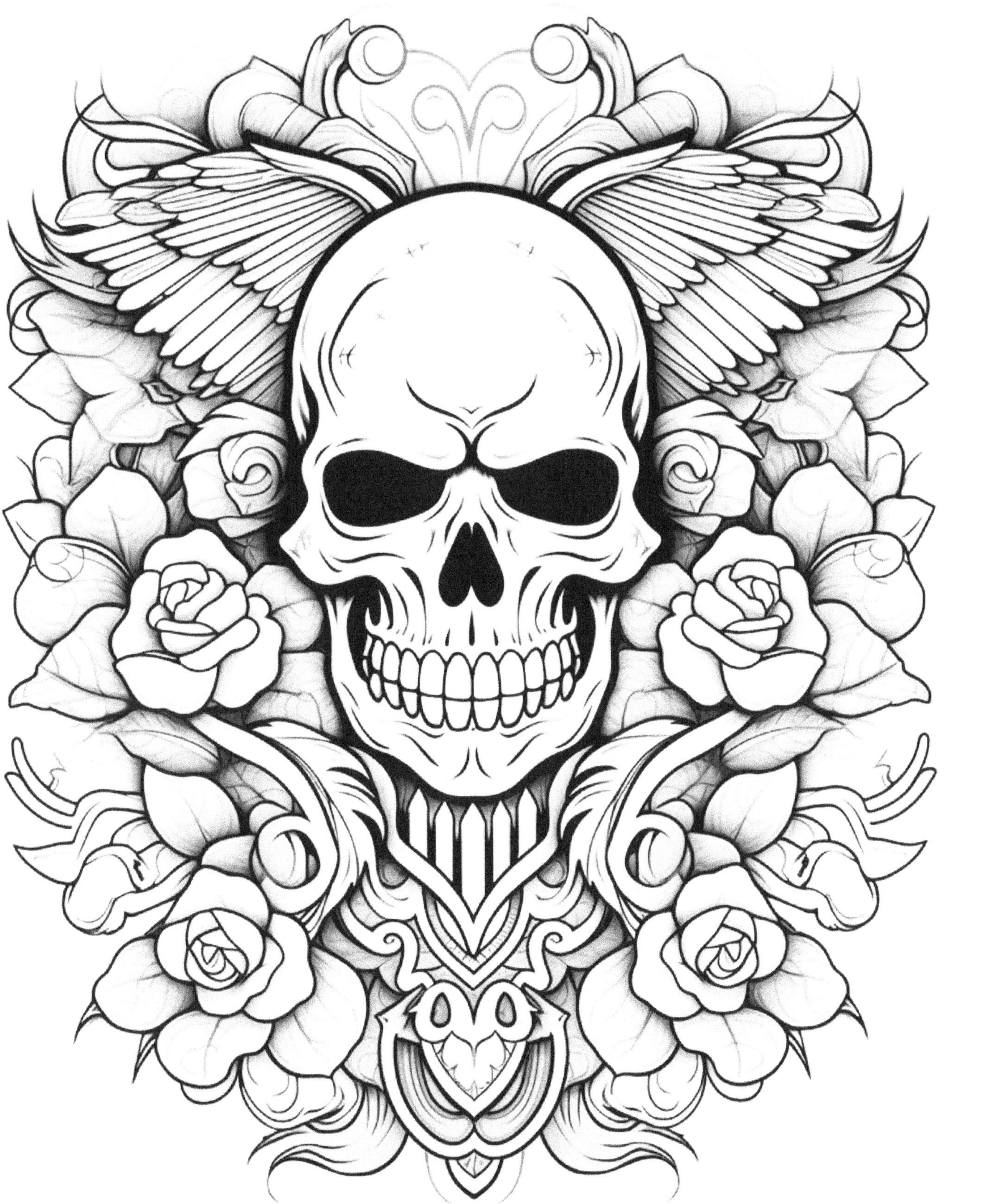

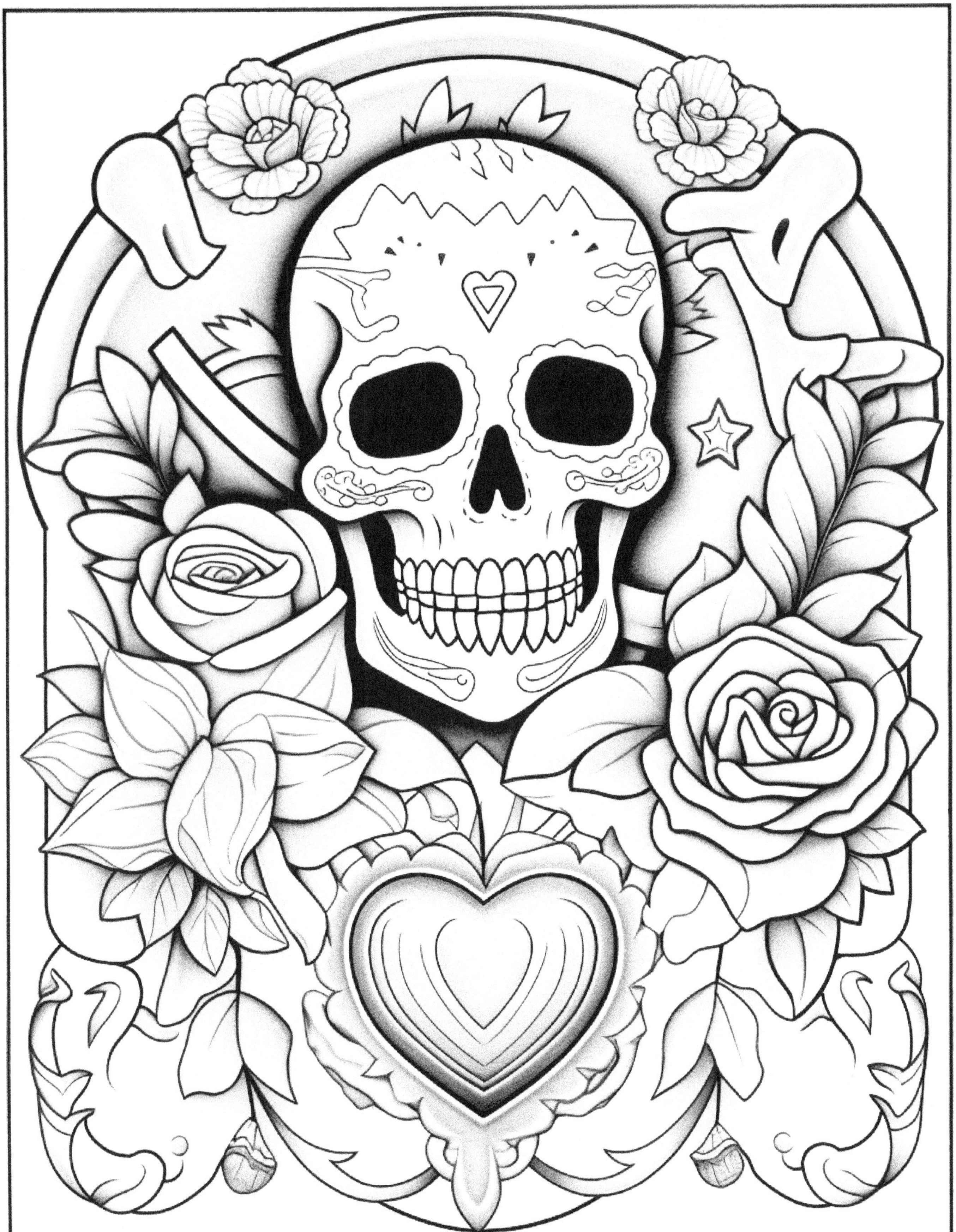

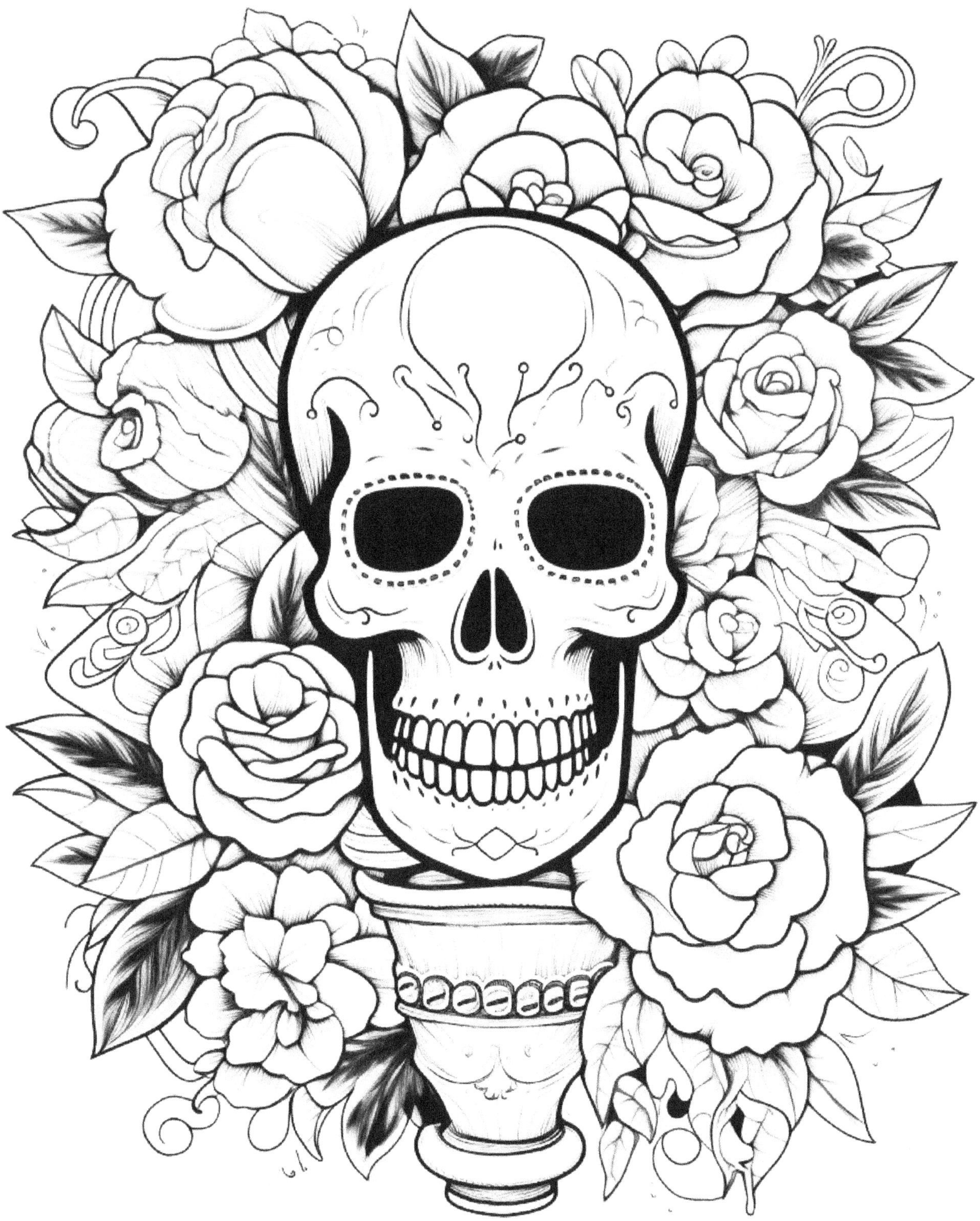

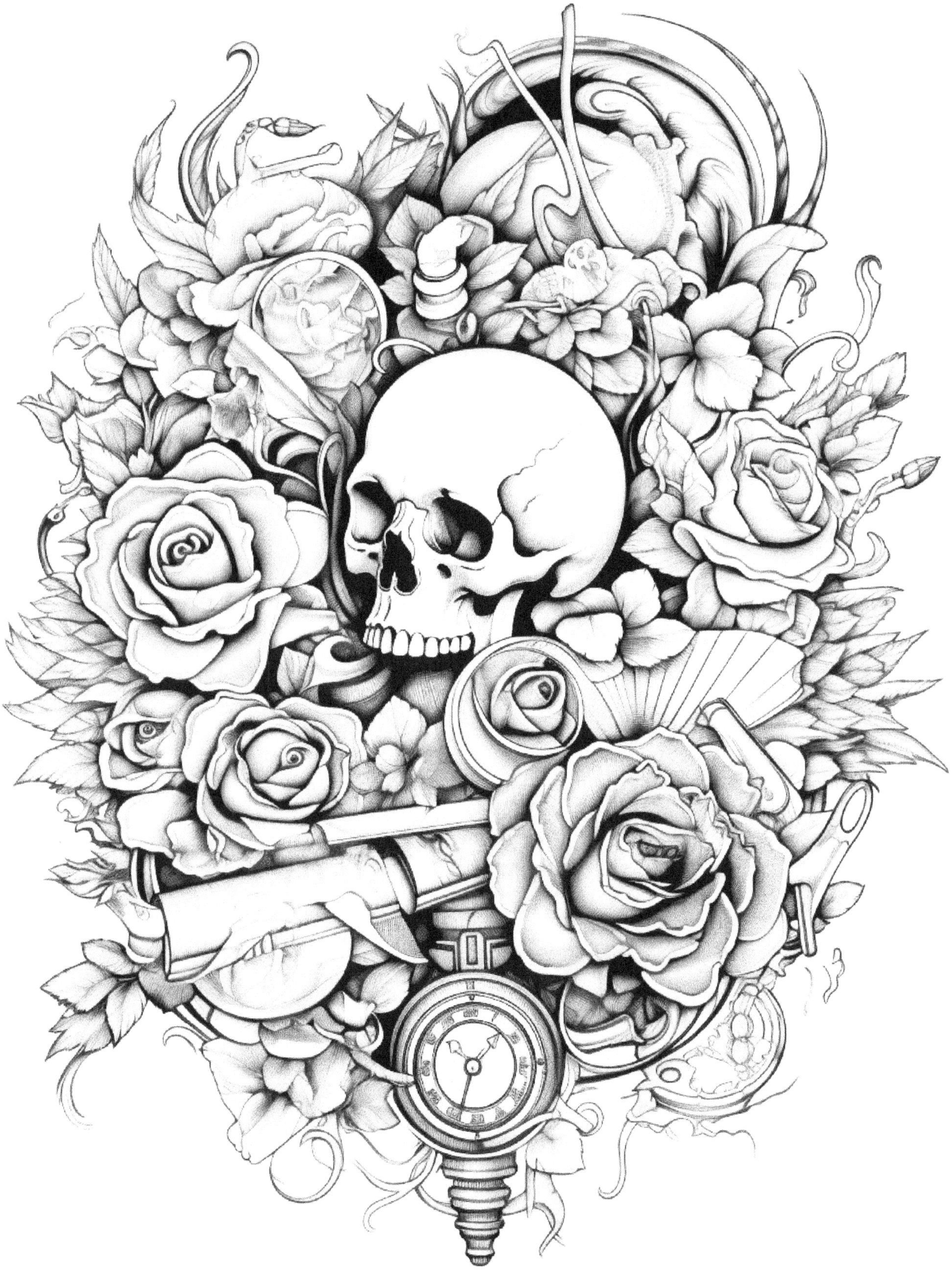

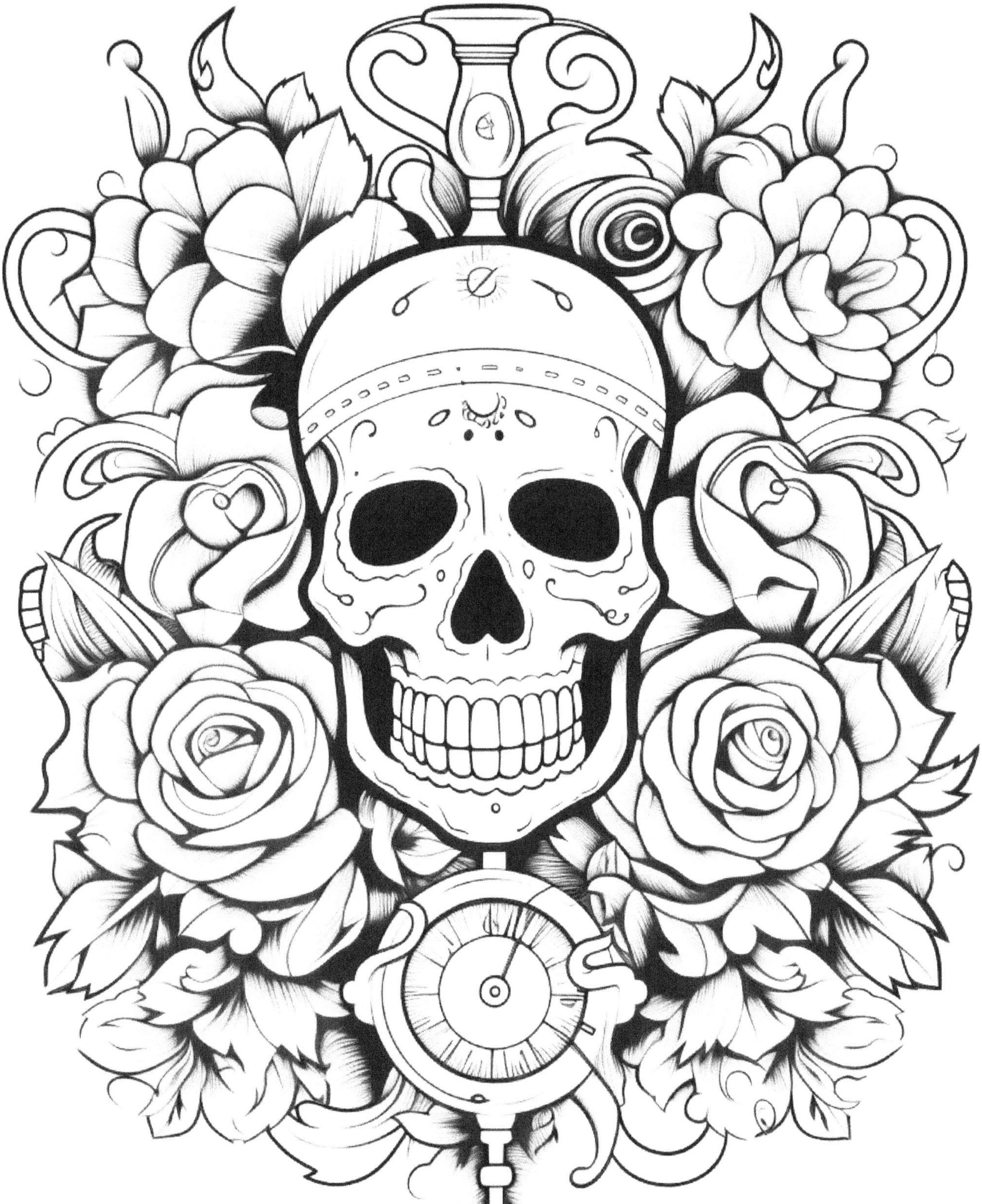

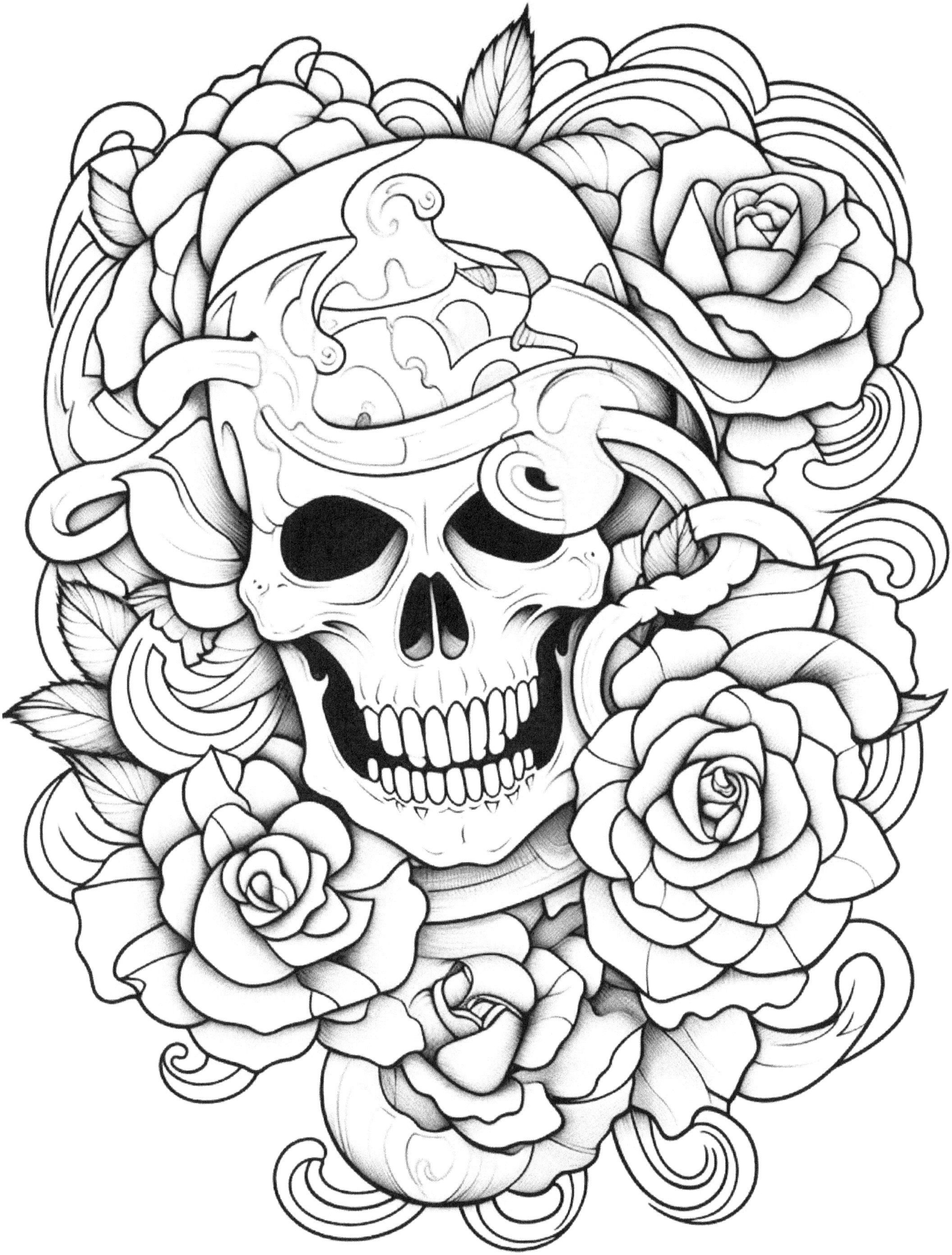

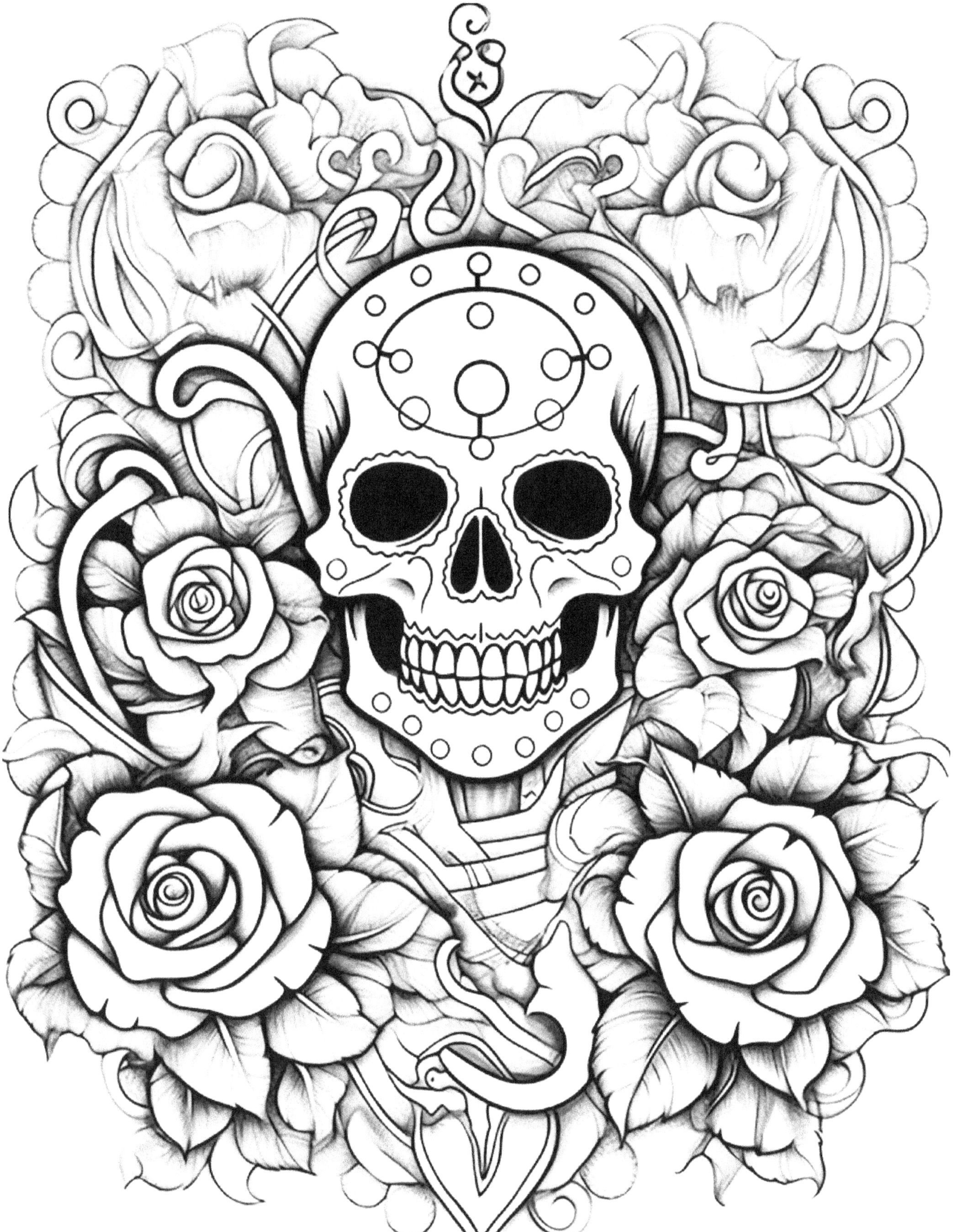

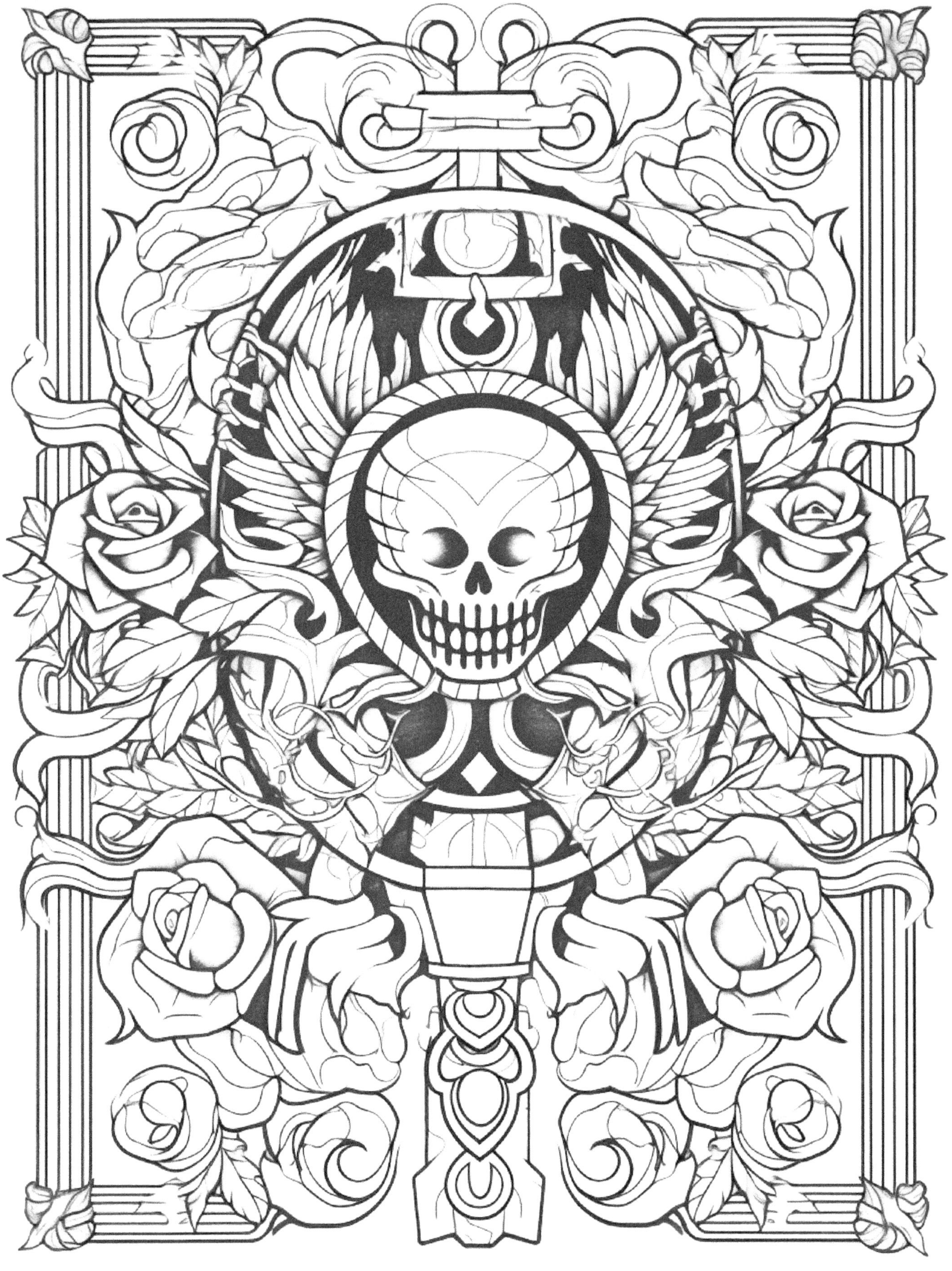

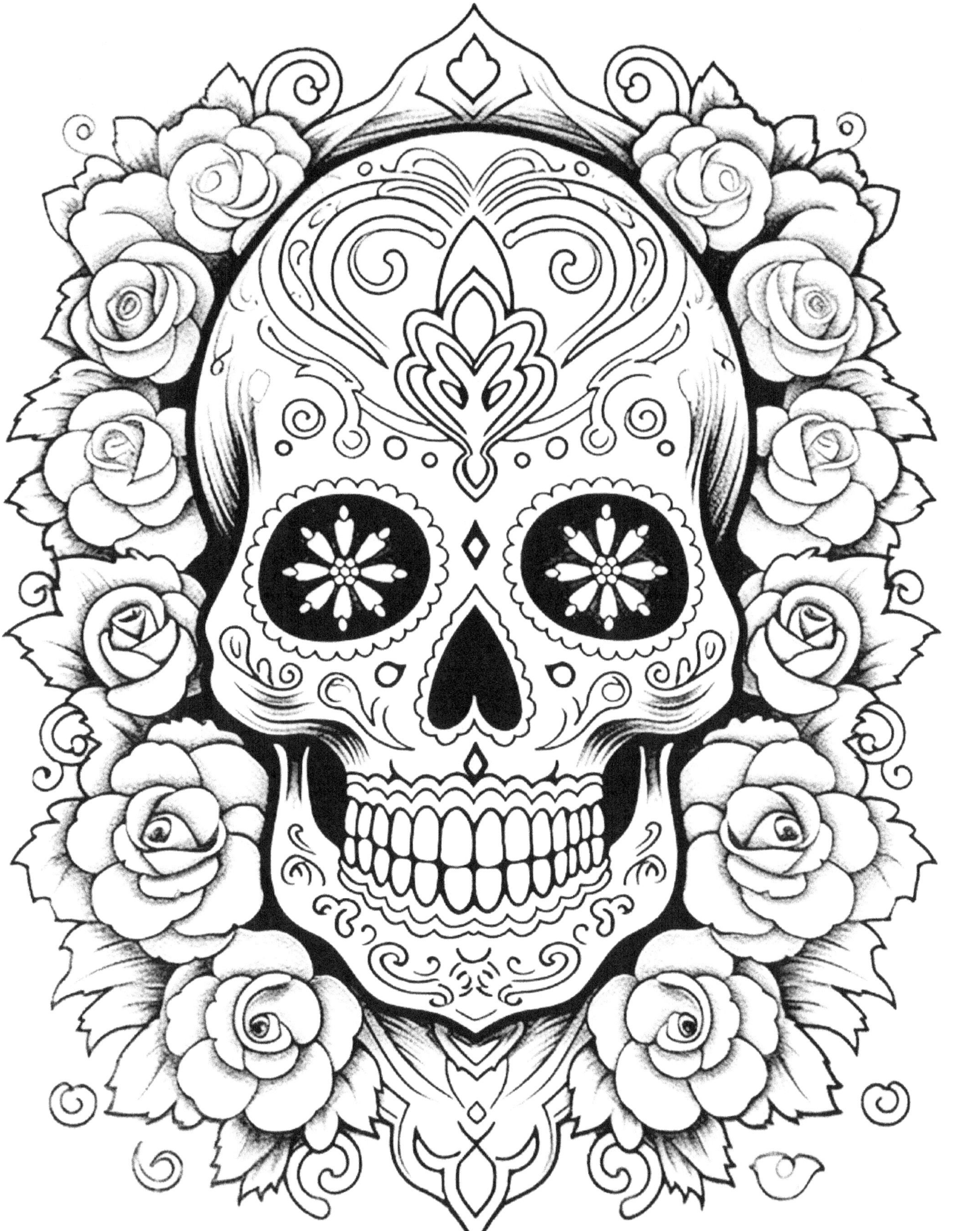

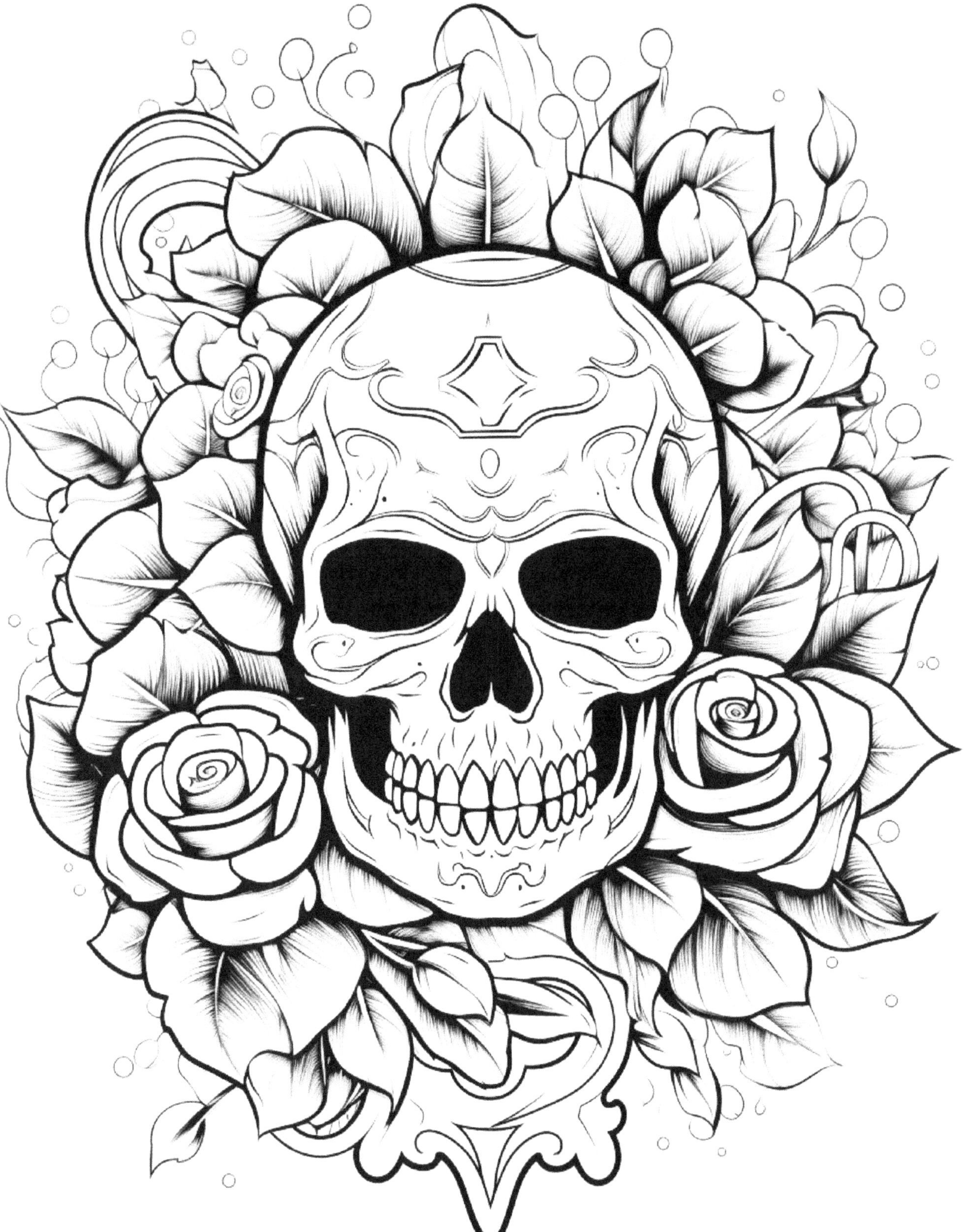

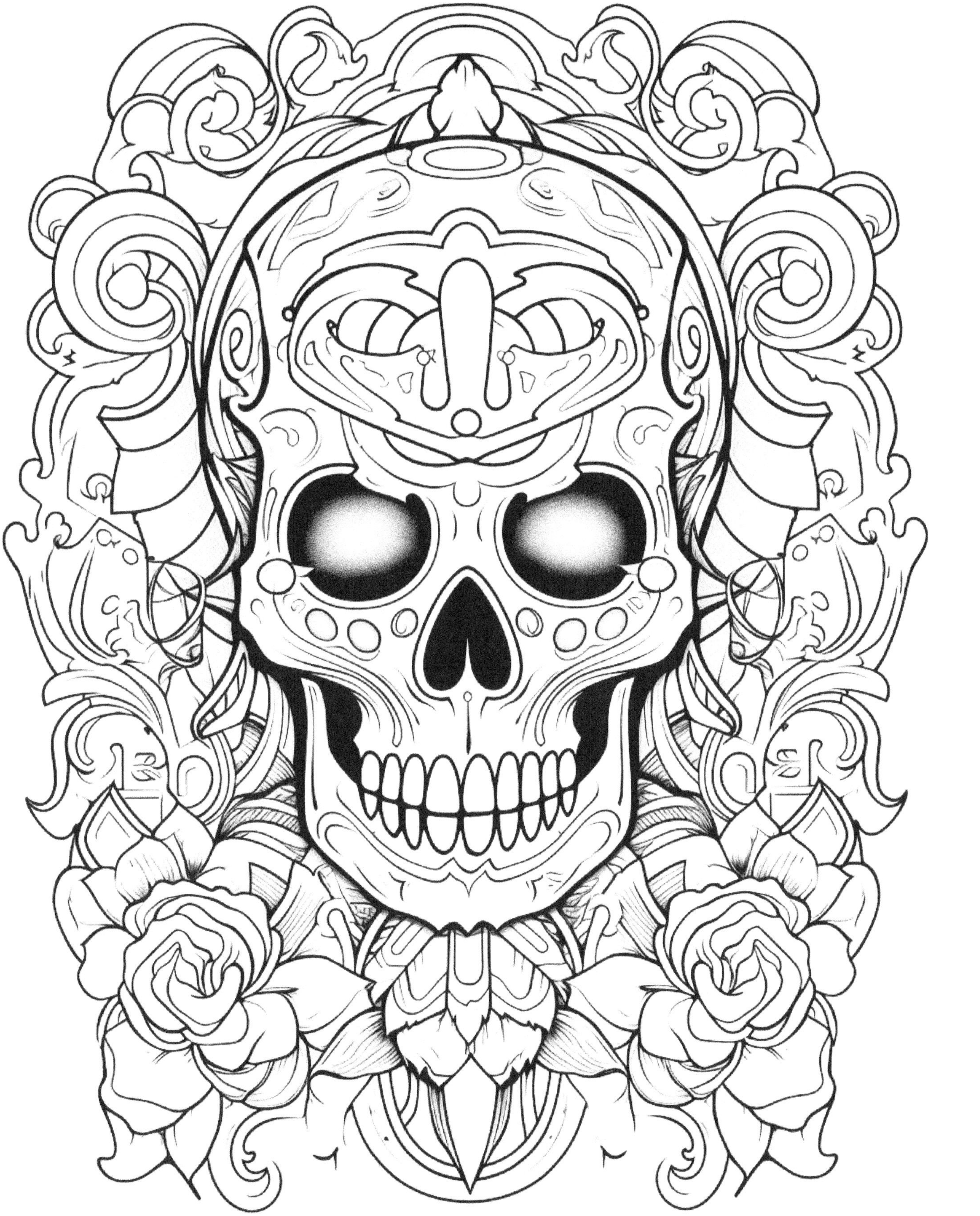

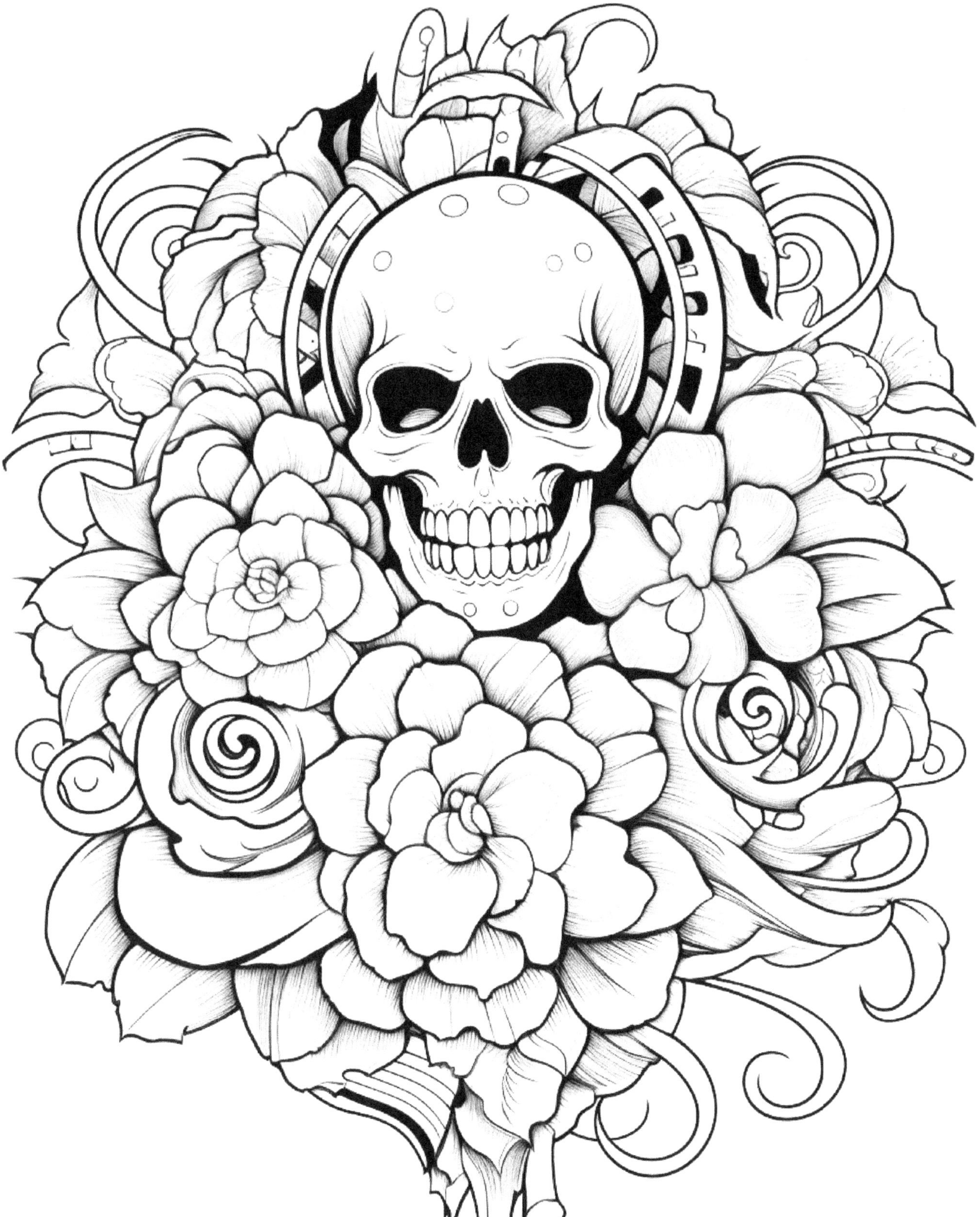

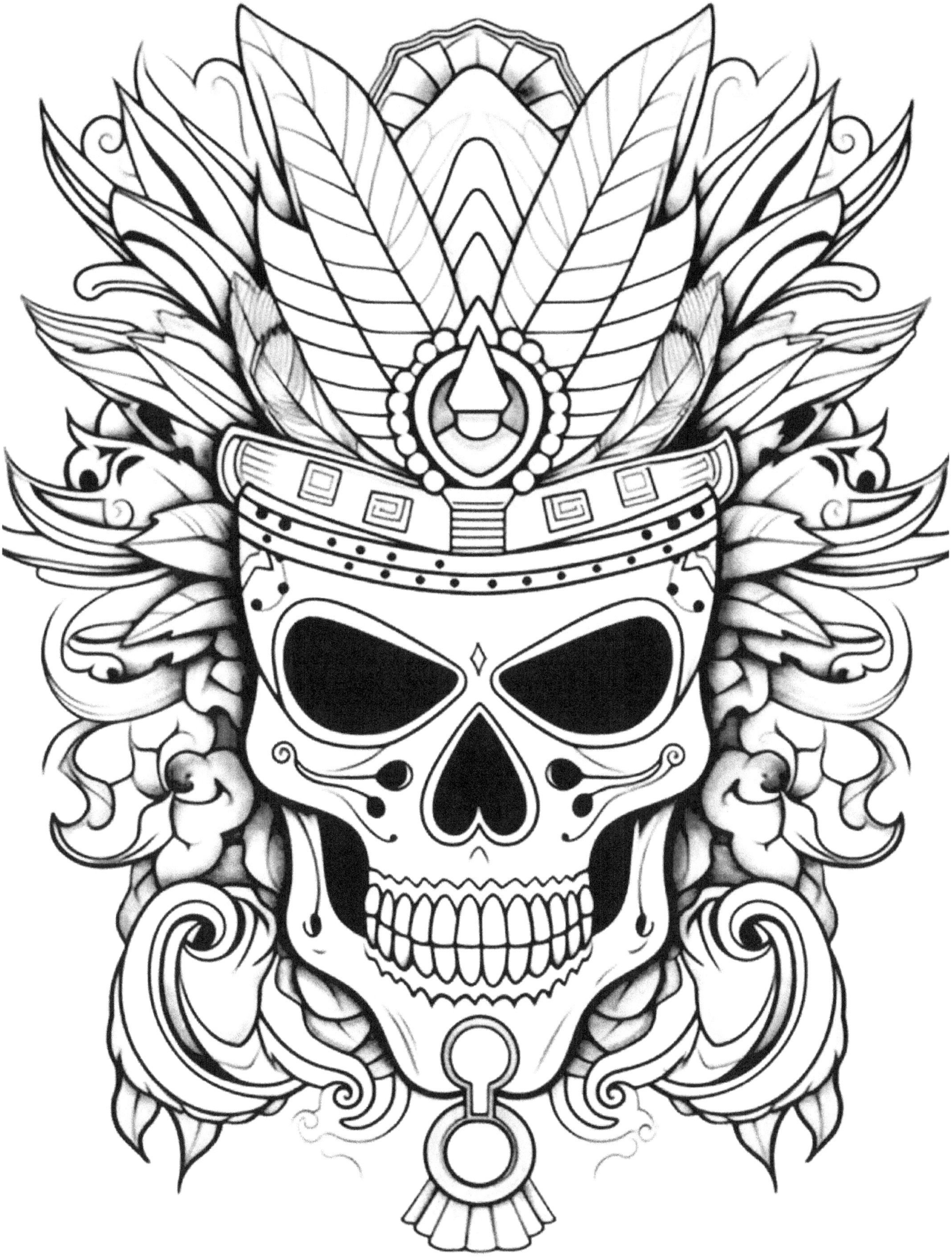

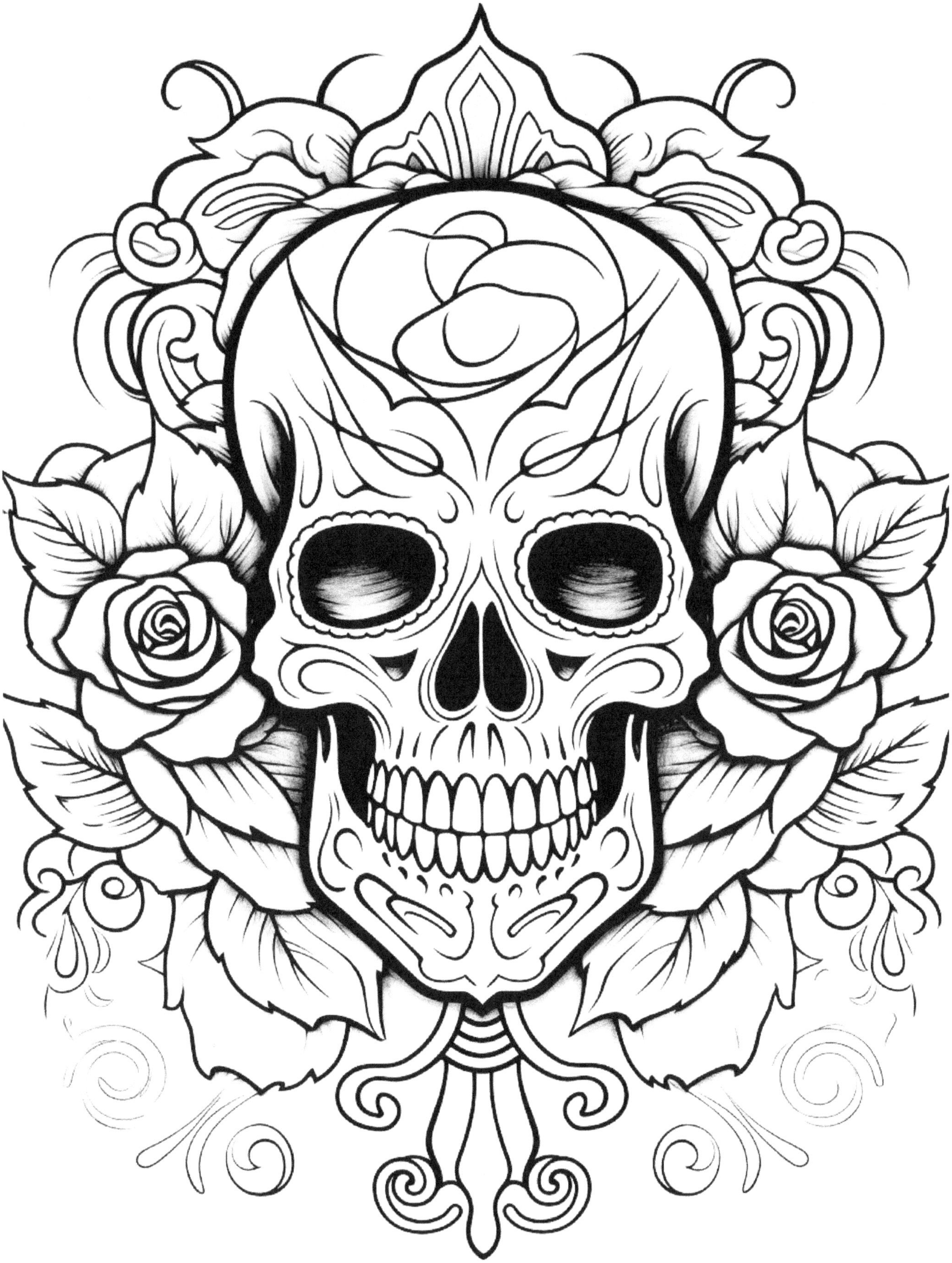

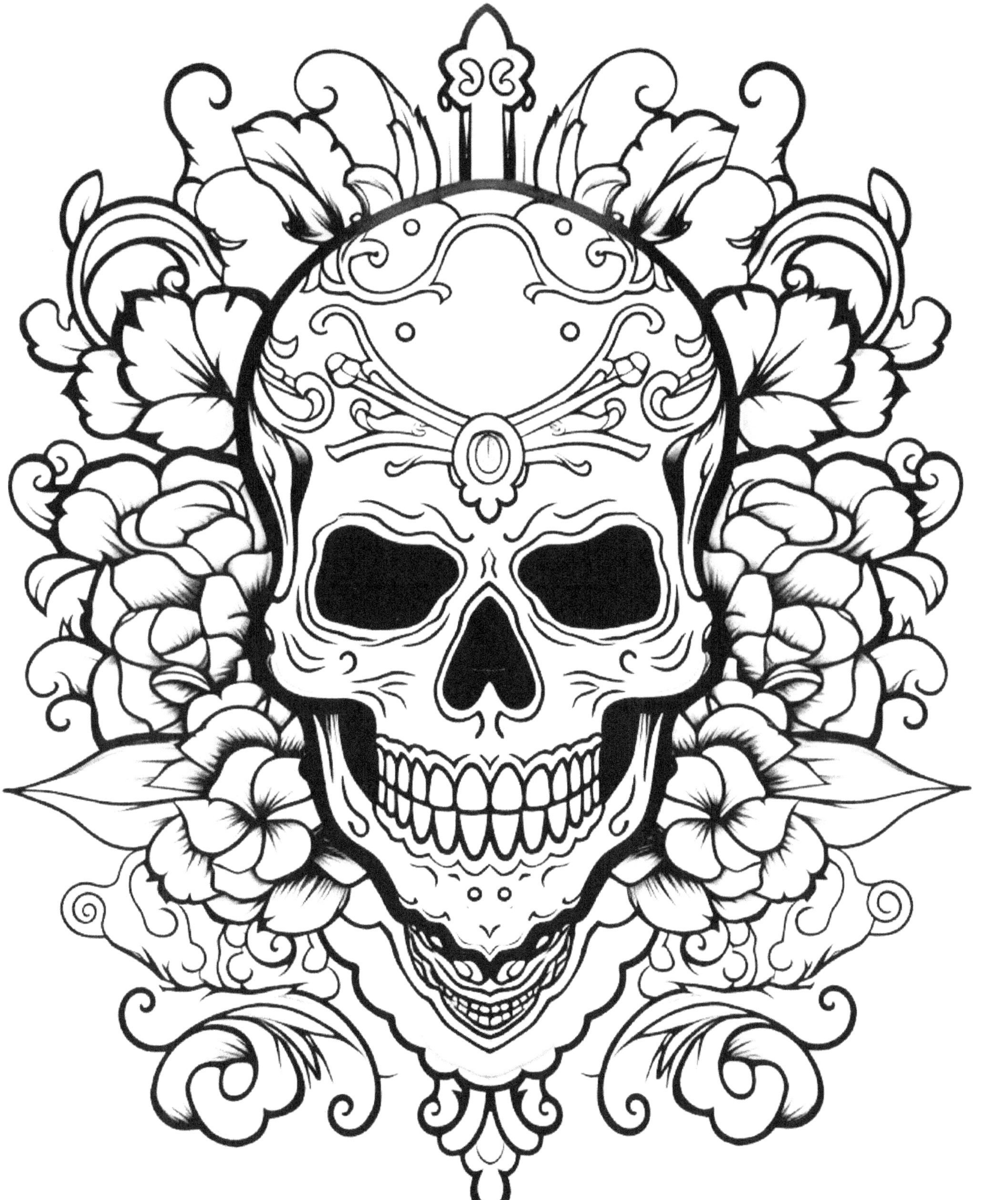

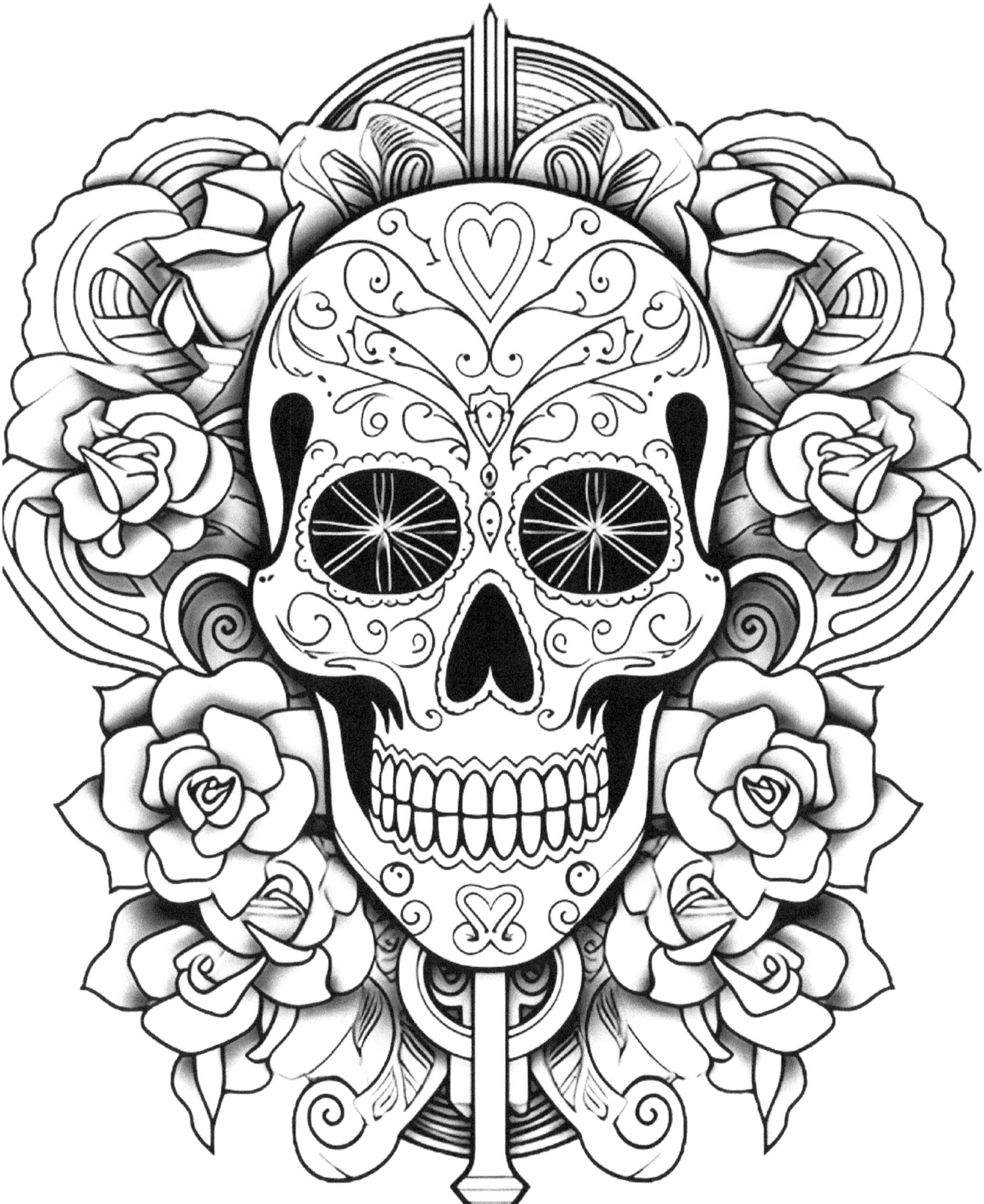

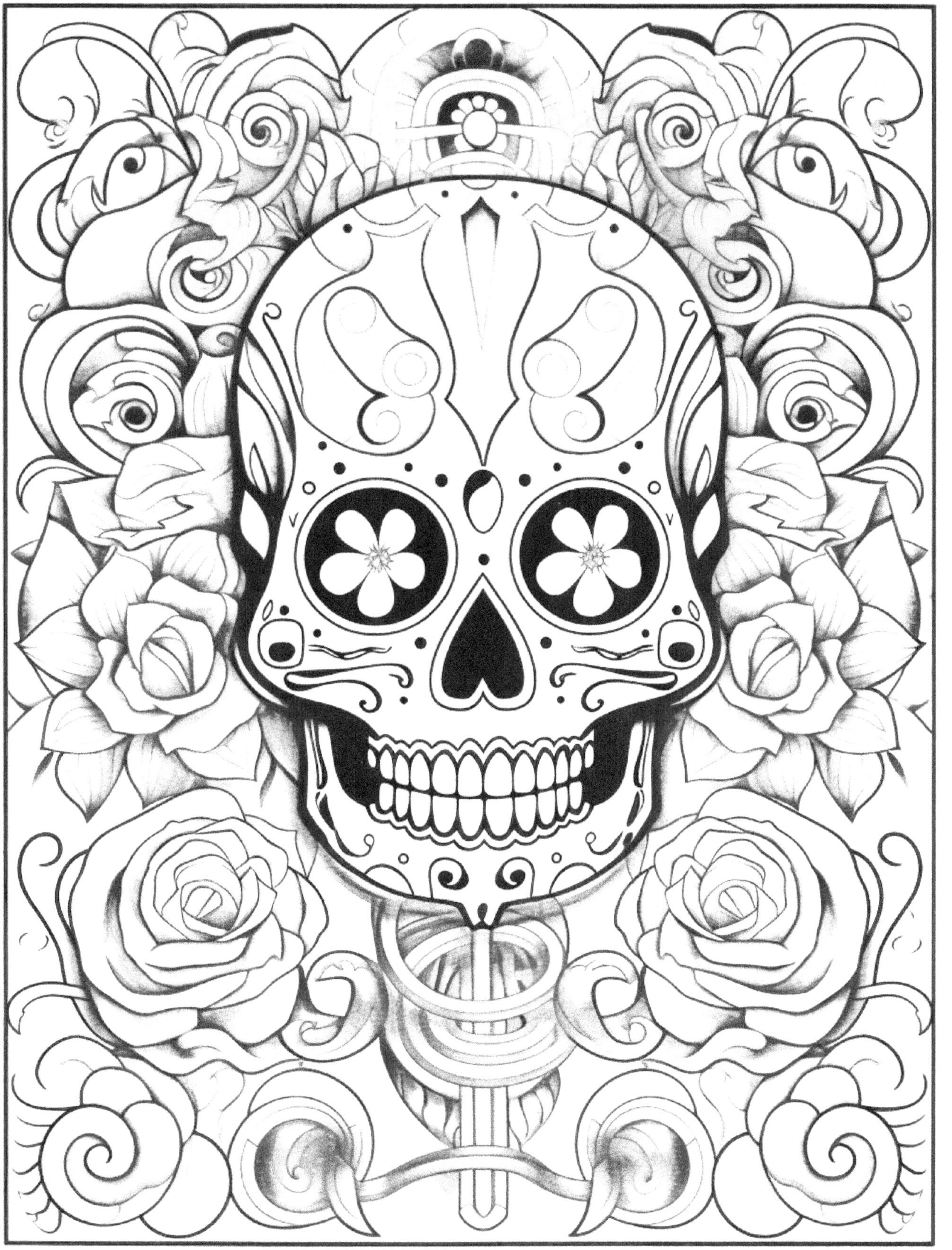

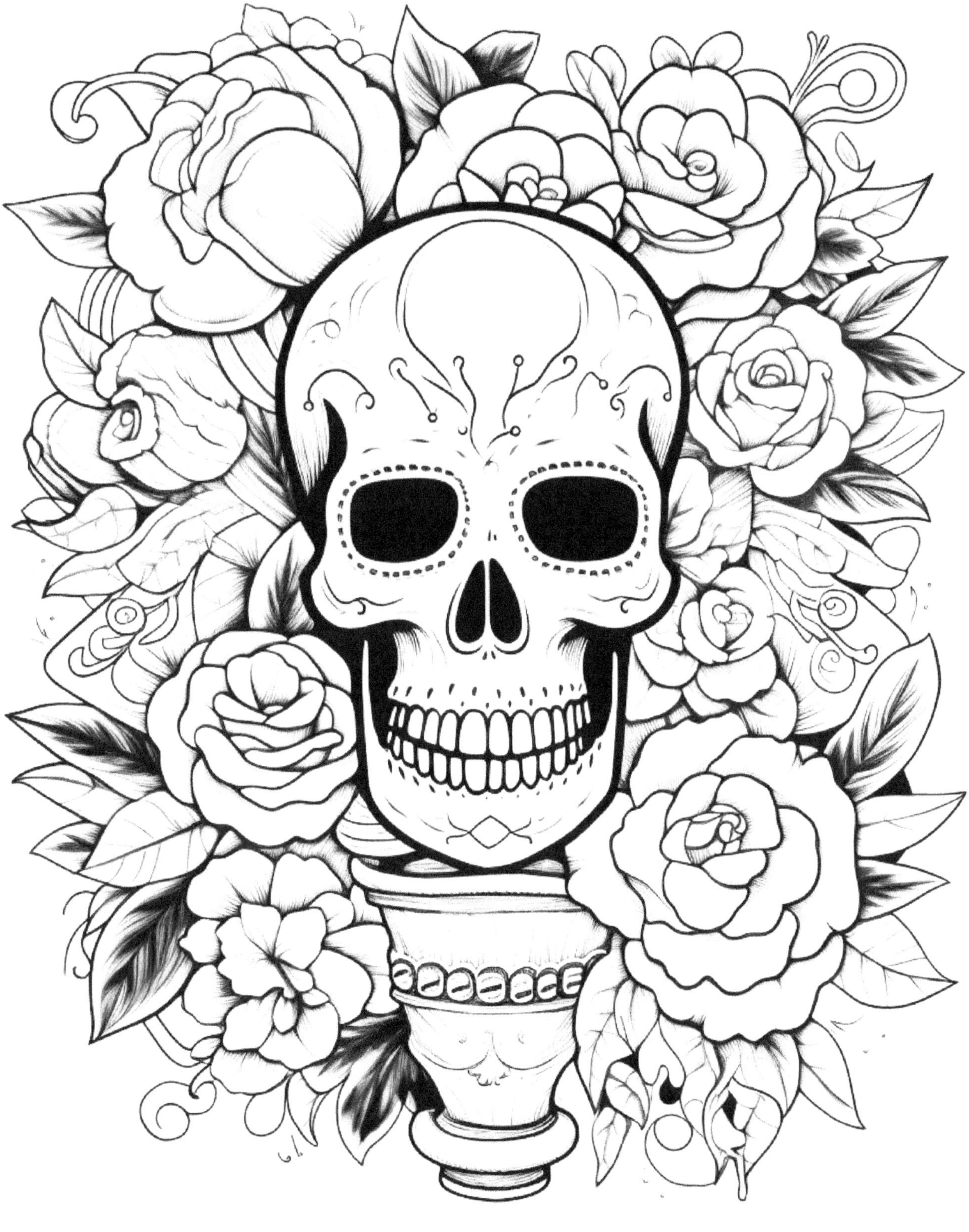

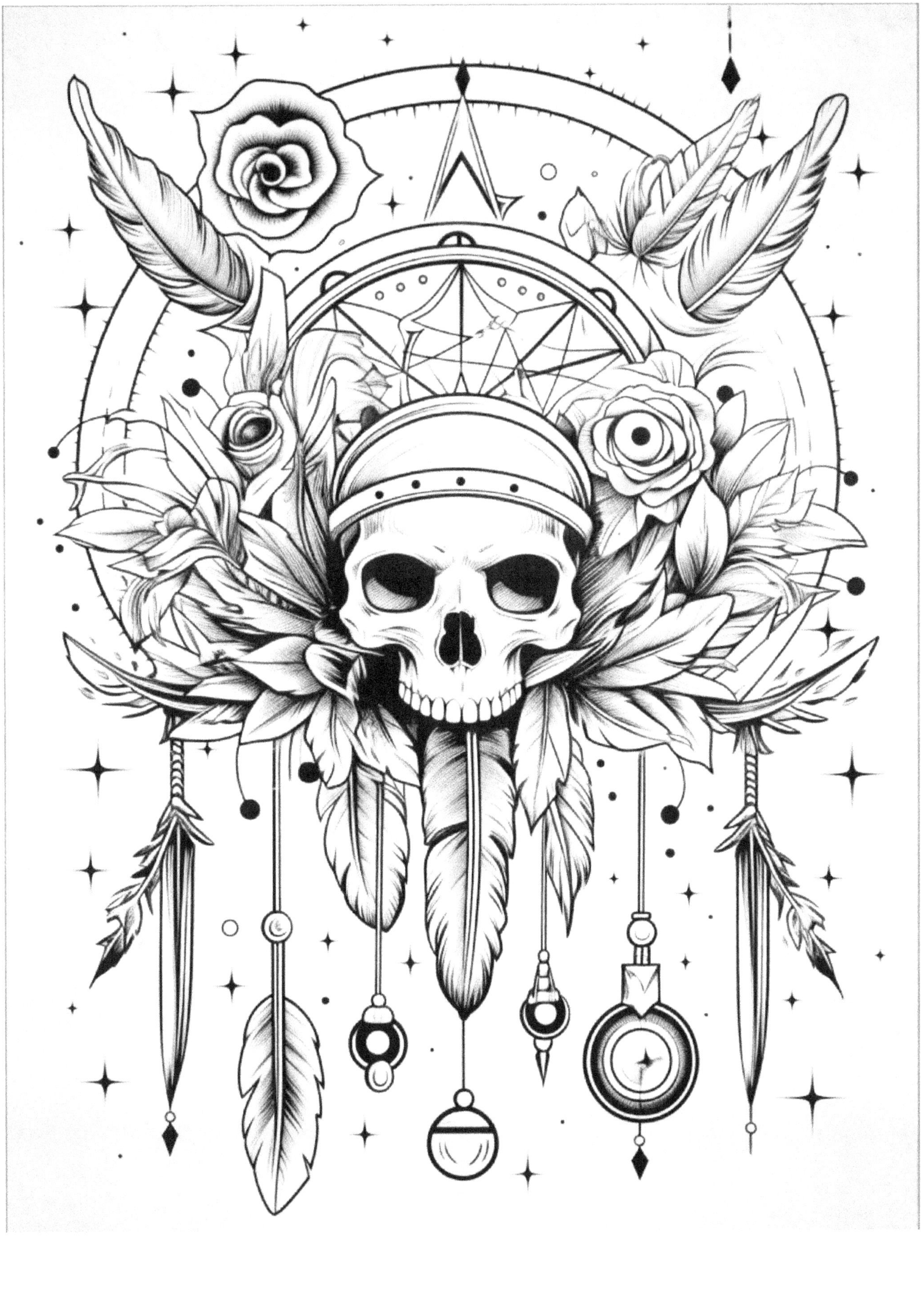

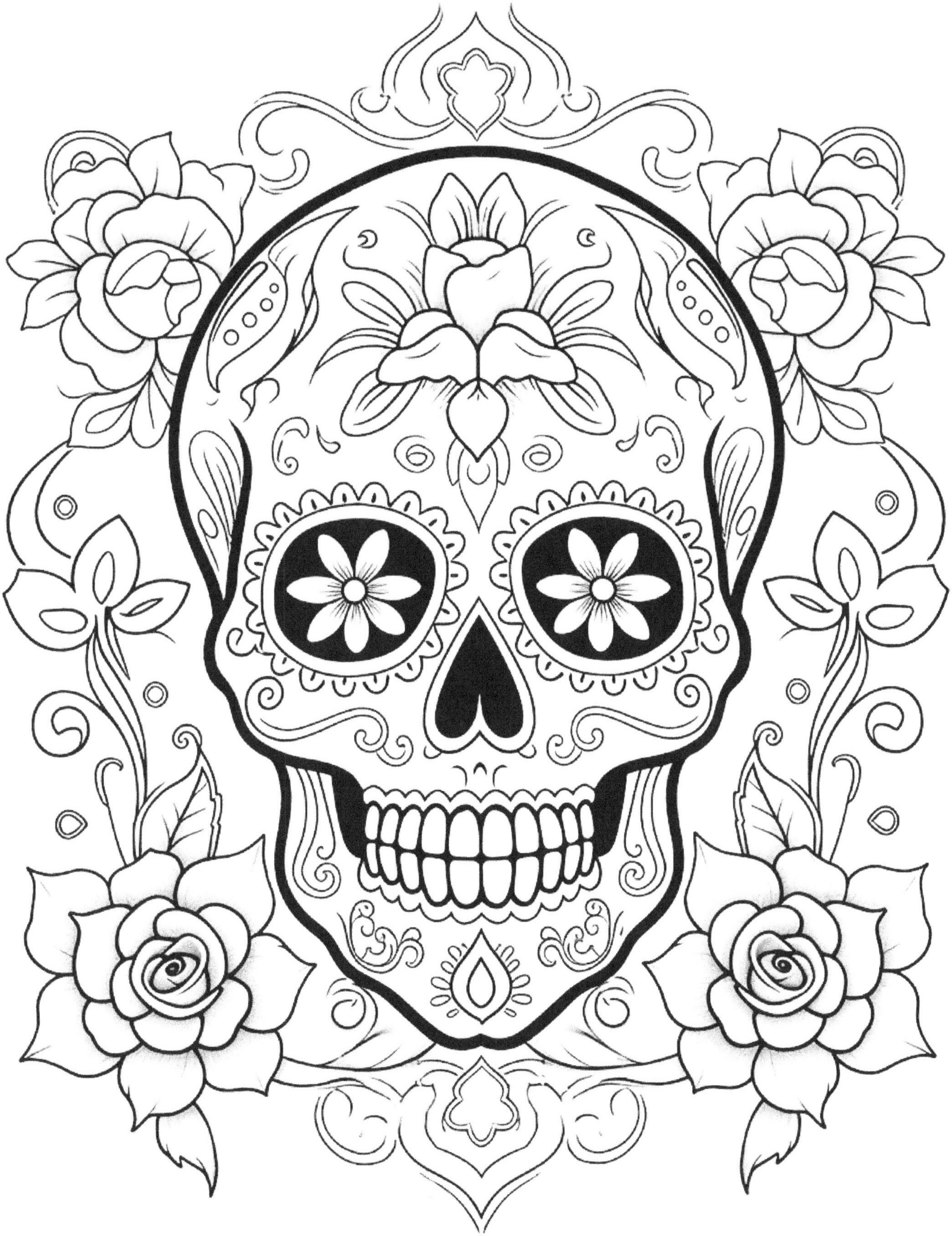

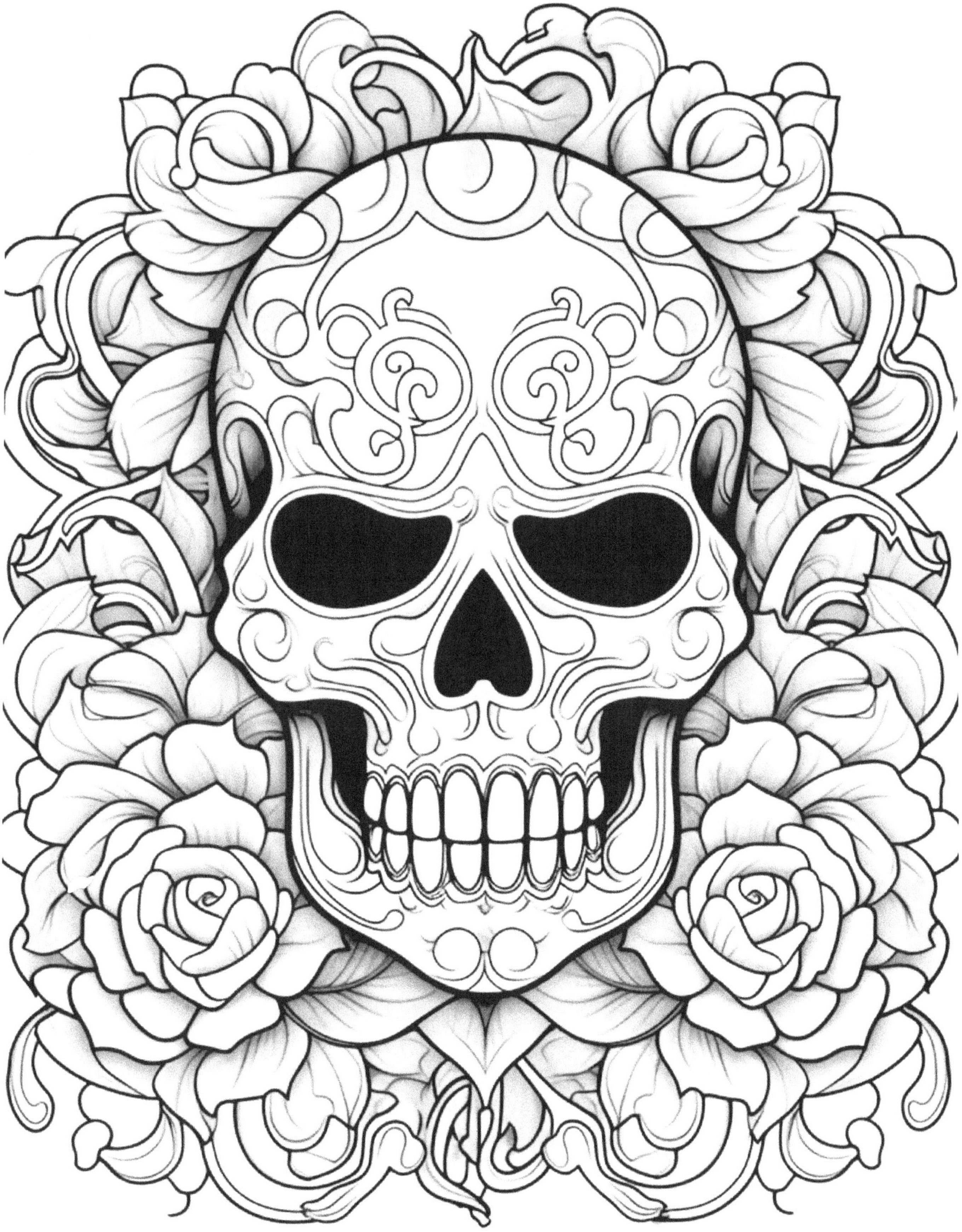

www.ingramcontent.com/pod-product-compliance
Lightning Source LLC
Chambersburg PA
CBHW080110010626
45794CB00016B/3634
9798872807544